금오헌록 역주

서울대학교 규장각한국학연구원 한국학자료총서 24

금오헌록金吾憲錄 역주

편　자　박명양 · 이의현
역주자　김영석
펴낸곳　서울대학교출판문화원
펴낸이　성낙인

초판 1쇄 발행　2016년 8월 5일
초판 2쇄 발행　2017년 7월 30일

책임편집　정성숙
디자인　최선아

출판등록　제15－3호

주소　(08826) 서울 관악구 관악로 1
대표전화　02－880－5252 | **팩스**　02－888－4148
전략기획팀(출판상담 및 홍보)　02－880－5217
출판관리팀(주문상담)　02－889－4424, 02－880－7995
이메일　snubook@snu.ac.kr
홈페이지　www.snupress.com

ISBN　978－89－521－1816－5　94360
　　　978－89－521－1026－8　(세트)

서울대학교 규장각한국학연구원 한국학자료총서 24

금오헌록 金吾憲錄 역주

박명양 · 이의현 편
김영석 역주

서울대학교출판문화원

Geumoheonnok

Translated and Annotated by

Kim, Youngsuck

Seoul National University Press

머리말

대학원생 시절부터 전공이 무엇이냐는 말을 여러 번 들었다. 물론 이것은 대학원생 또는 석·박사라면 누구나 겪는 일이다. 그런데 한국법제사(韓國法制史)를 전공한다는 대답을 하면, 다른 사람들이 받지 않는 질문을 받게 된다. 같은 법학과 대학원생들은 하지 않는 질문이지만, 법학을 전공하지 않은 사람들은 반드시 되묻는다. 한국법제사가 어떤 것이냐고. 그래도 이건 다음 사례에 비하면 낫다고 할 수 있다.

석사학위를 취득하자마자 서울 모 대학교 법과대학에서 한국법제사 강의를 하게 되었다. 행정실 조교는 필자의 전공이 당연히 법철학일 것으로 생각하고 있었다. 법철학 전공이 아니라 한국법제사 전공이라고 했더니 놀라는 눈치였다. 이런 반응에 필자도 놀랐다. 전공과목인 한국법제사 강사가 한국법제사 전공인 것에 놀라는 사람을 보았기 때문이다. 무엇보다 그는 법학을 전공하고 법과대학에서 조교로 일하는 사람이었다. 다시 생각해 보면 그에게는 놀랄 만한 일이기도 하였다. 1년 전까지 그곳에서 한국법제사를 강의하신 분이 국사학과에서 석·박사학위를 받은 사람이었으니까.

한국법제사라는 학문분과는 이렇듯 일반인은 물론이고 일부 법학 전공자들에게조차 생소하다. 최소한 1970년대 전반부터는 독립된 분과로서 연구되고 있었으니 역사가 짧다고는 할 수 없지만, 아직도 연구자가 적다. 생소하므로 연구자가 적을 것이고, 연구자가 적기 때문에 생소할 것이다. 연구자의 한 사람으로서

필자의 분야를 알려야 한다는 의무감을 갖지 않을 수 없었다. 이 책을 출판하게 된 것에는 이러한 생각도 작용하였다.

처음에 《금오헌록(金吾憲錄)》을 번역하게 된 것은 박사학위논문 집필을 위해서였다. 자료의 존재를 알고 있는 한, 의금부에 관한 논문을 쓰면서 이 자료를 무시할 수는 없었다. 생소한 용어가 꽤 많이 포함되어 있어 번역서를 구해 보려고 했으나 기존에 이를 번역한 자료가 없었다. 논문 주제를 바꾸는 것과 이 자료를 직접 번역하는 것 중에서 택일해야만 하였다. 후자를 선택하였다.

초벌 번역 후, 박사학위논문 집필을 위하여 이를 인용하는 과정에서 몇 군데를 수정하였다. 논문에 인용하기 위하여 초벌 번역을 살펴보다가 오역을 발견하고 수정한 것이다. 앞부분을 번역할 때는 몰랐던 것을 뒷부분을 번역하면서 알게 되기도 하였고, 여러 왕대(王代)의 실록(實錄)이나 《승정원일기(承政院日記)》, 《육전조례(六典條例)》 등을 읽으면서 관련 지식이 조금씩 쌓인 덕이기도 하였다.

2014년 말부터 2015년 초에 걸쳐 1개월 동안 서울대학교 규장각한국학연구원 21세기 신규장각 자료구축사업의 지원을 받을 수 있게 되었다. 이를 기회로 삼아 기존 번역을 검토하고 재수정하였다. 이 책은 당시 결과물로 제출하였던 것을 좀 더 수정, 보완한 것이다.

국사편찬위원회의 영인으로 《금오헌록》이 국내에 소개된 지 20년이 넘었다. 그러나 이 자료를 이용한 기존 연구는 별로 없는 것 같다. 이는 의금부에 관한 연구 자체가 거의 없었기 때문이기도 하지만, 이 자료가 번역되어 있지 않아 이용하기에 불편하다는 이유도 있었을 것이다. 여러 면에서 부족한 번역이지만, 이 책이 연구자들에게 조금이라도 도움이 되었으면 하는 바람이다. 앞으로 《의금부등록(義禁府謄錄)》이 탈초와 번역을 거쳐 《금오헌록》과 함께 이용된다면 의금부에 관한 이해가 한층 진전될 것으로 기대한다.

이 책이 나오기까지 많은 분의 도움을 받았다. 우선 《금오헌록》의 번역 및 이를 이용한 박사학위논문 집필과 관련하여 많은 지도를 해 주셨으며, 번역의 검토를 주선해 주신 은사 정긍식 선생님께 감사드린다. 번역 검토에 참여한 박사과정 후배인 김민정·김백경·김휘 석사, 석사과정의 김준현도 고맙다. 특히 태동고전연구소 출신의 김준현은 표점의 최종 검토까지 맡아 주었다. 《금오헌록》의 존재를 알려 준 친구 타나카 토시미츠(田中俊光, 그는 '田中'을 '타나카'로 표기함) 박사도 빠뜨릴 수 없다.

서울대학교 규장각한국학연구원의 21세기 신규장각 자료구축사업 지원 및 출판 기회 제공에도 감사를 표한다. 특히 이와 관련하여 정희찬 조교가 많은 수고를 해 주셨다. 첫 단독 번역서인 이 책을 펴낼 수 있었던 것은 정긍식 선생님과 서울대학교 규장각한국학연구원이 아니었다면 불가능했을 것이다. 편집을 맡아 마지막까지 씨름한 서울대학교출판문화원의 정성숙 선생님께도 감사드리지 않을 수 없다. 금부도사의 좌목(座目)과 금오도(金吾圖)를 이용할 수 있도록 허락해 주신 국립중앙도서관과 고려대학교 해외한국학자료센터 여러분께도 감사드린다.

마지막으로, 늦은 나이까지 짝도 구하지 못하고 공부만 하는 못난 아들 때문에 고생이 많으신 부모님께 감사의 말씀을 올린다.

2016년 6월 20일
김영석

차례

범례

1. 본 역주의 저본(底本)은 미국 캘리포니아 주립대학 버클리교(校)의 아사미문고에 소장된 책(도서번호 18·59)을 국사편찬위원회에서 영인하여 각사등록 제72책의 앞부분에 수록한 《금오헌록(金吾憲錄)》이다.
2. 원문의 각 조문은 모두 '一'로 시작하고 있으나, 편의를 위하여 번역문에서는 1부터 순서대로 조문번호를 붙였다.
3. 각 조문과 같거나 유사한 규정이 《경국대전(經國大典)》·《속대전(續大典)》·《대전통편(大典通編)》·《대전회통(大典會通)》·《육전조례(六典條例)》·《추관지(秋官志)》 등에 있으면, 이를 각주에서 소개하였다.
4. 추록 등에 새로 실린 규정이 과거의 규정과 어떻게 달라졌는지 쉽게 확인할 수 있도록 각주를 달았다.
5. 고문헌의 서명(書名)은 《 》로 묶고, 그 편명은 〈 〉로 묶었다. 각 문헌자료의 원주(原註)는 < > 안에 넣었다.
6. 원문의 이두(*爲旀*, *是如乎* 등)는 이탤릭체로 표기하였다.
7. 번역문에서 한자로 표기할 필요가 있는 단어는 부분마다 처음 등장하는 경우에 한하여 한자를 병기하고 이후로는 한글로만 표기하였다. 각 부분은 ① 해제, ② 두 개의 서문(序文)과 금오기의(金吾記義), ③ 금오청헌(金吾廳憲)(一. 設立 ~ 三十. 完議 및 節目), ④ 추부게판(追附揭板)이다. 다만 구례(舊例)·고례(古例)·고규(古規)와 한 글자로 된 일부 단어(官·役·例·禮)는 한글로만 표기하는 것이 부적절하다고 보아 매번 한자를 병기하였다.
8. 각주에서 §는 조문번호를 나타내고, 『조선왕조실록(朝鮮王朝實錄)』 및 《승정원일기(承政院日記)》 기사 날짜 뒤의 원 숫자는 기사의 순서를 나타낸다.

   예: [入仕] §1은 [入仕] 제1조이고, [重來] §§6·7은 [重來] 제6조와 제7조다. 《太宗實錄》 태종 14년(1414) 8월 21일④는 태종 14년 8월 21일의 여러 기사 중 넷째 기사다.

《금오헌록》 해제

1. 자료의 성격

《금오헌록(金吾憲錄)》은 '헌록(憲錄)'이라는 서명(書名)에서도 드러나듯이 법규를 수록한 책으로, 그 내용을 보면 사실상 의금부의 내규집(內規輯)이다. 조선시대에는 호조의 《탁지지(度支志)》, 예조의 《춘관지(春官志)》, 형조의 《추관지(秋官志)》와 같은 관서지(官署志)가 편찬되기도 하였으나, 의금부의 관서지는 남아 있지 않다. 이러한 상황에서, 내규집인 《금오헌록》은 의금부를 이해하기 위한 중요한 자료라고 하겠다. 아쉽게도 이 자료가 우리나라에는 남아 있지 않으며, 미국 캘리포니아 주립대학 버클리교(校)의 아사미문고에 소장된 것이 유일한 듯하다.

의금부는 형조·사헌부·포도청과 더불어 조선시대의 중앙 형사사법기관으로서, 반역 사건, 강상범죄(綱常犯罪), 관원(官員)의 일반 범죄, 사족(士族) 여자의 범죄를 재판하였다. 고려 말에 설치된 순마소(巡馬所) 등 의금부의 전신(前身)에 해당하는 기관들은 임금이 중요하다고 여긴 사건과 많은 관원 범죄를 재판하였는데, 조선시대에 의금부로 개편된 후 관원의 범죄를 전속적(專屬的)으로 재판하고, 반역 사건 및 강상범죄에 대한 재판을 주관하는 기관으로 확립되었다. 의금부는 형조로부터 독립된 기관으로서 그 권한을 행사하였으며, 조선 후기에는 형조를 제치고 주도적인 형사사법기관으로 인식되었다.

현재 대한민국의 법령체계에서도 마찬가지이지만, 조선시대에 있어서도 《경국대전(經國大典)》 이하 《대전회통(大典會通)》에 이르기까지의 '대전(大典)'류에서는 각 관청의 업무가 무엇인지를 간단히 소개하고 관원의 구성과 승진에 관해 규정하는 정도에서 그치며, 구체적인 업무수행과 내부단속은 각 관청에 맡겼기 때문에 각 관청에서는 이에 관하여 내규를 만들 수밖에 없었다. 물론 각 관청에서는 업무수행 및 내부단속과 관련한 것은 자의적으로 정할 수는 없고, 관청설립의 취지나 다른 관청에서의 관례 등을 참작하였을 것이다. 관청의 내규를 자의적으로 정할 수 없을 뿐만 아니라, 내규가 만들어져야 업무수행 및 내부단속 자체의 자의성도 방지할 수 있을 것이다. 그런데 내규는 대체로 업무를 수행하는 과정에서 시행착오를 겪기도 하면서 새로 만들고 보완하고 개정해 가는 것이기 때문에, 장기간 불문(不文)의 상태이기 마련이다. 따라서 이러한 내규들이 어느 정도 축적되었을 때 누군가가 의도적으로 기록해 두지 않으면, 업무를 수행하는 사람들이 내규의 존재를 몰라 지키지 않을 수도 있고, 결국에는 내규 자체가 없어져 버릴 수도 있다. 의금부의 내규를 만들고, 나아가 이를 기록하는 것에 관하여는 《금오헌록》의 집필자들도 그 필요성을 충분히 인식하고 있었다.

㊀ 우리나라의 바꿀 수 없는 한줄기 기강은 의금부에 옛 규범이 있음이다. … 한 번 전해지고 다시 전해지면서 잘못 전하고 계승하여 남은 것이 얼마 되지 않고, 있는 것도 흐리멍덩하다. 무릇 날마다 마땅히 행해야 하는 일에 소루하고 빠지고 간략한 것이 열에 여덟아홉이다. 갑작스러운 때를 당하여 오직 아전의 입에만 의지하니, 후세의 사람들이 어디에 근거하여 준행하겠는가. 드디어 여러 동료와 더불어 널리 고금에 전하는 것과 전후 완의(完議)에서 채택하여, 혹은 큰 틀에 맞추어 배열하고, 혹은 항목을 세워서 조목조목 나열하였다. 간략한 것은 자세하게 하고, 빠진 것은 보충하였다. 한 관부의 금과옥조를 찬란하게 복원하고, 감히 사견을 그 사이에 섞지 않았다. … 영구히 준행할 책임은 슬며시 후세의 여러 군자에게 바란다.[1]

1. 朴鳴陽, 序文(一)에서 발췌하였다.

㊁ 무릇 모든 관사 중에 규범을 정하지 않은 곳이 없으며, 이를 등록으로 만들어 후배들에게 전해 주니, 대개 참고하여 근거로 삼을 바가 있게 하려는 것이고, 무너져 어지러워지지 않게 하려는 것이다. … 지금과는 이미 80여 년이나 차이가 나니, 종이가 해져서 너덜너덜해지고, 먹이 닳아서 떨어졌으며, 왕왕 자획을 분별하기 어려운 곳도 있음이 애석하다. 진실로 계승하여 새로 엮지 않는다면, 참고하여 근거로 삼을 것이 슬어 없어지지 않으리라고 어찌 믿겠는가? … 이를 염려하여, 이에 가감하는 것 없이 원본의 종이를 바꾸어 다만 오래도록 남길 방안을 계획하니, 곧 완전히 똑같은 것이다. 준수하여 잃지 말지어다.[2]

2. 편찬자와 편찬 시기

《금오헌록》은 1744년(영조 20) 11월에 박명양(朴鳴陽)이 처음 편찬하고 1826년(순조 26) 7월에 이의현(李宜鉉)이 증보하였다.[3] 이의현은 위 ㊁에서 보는 바와 같이 박명양의 《금오헌록》을 오래도록 보존하기 위하여 그대로 필사할 뿐이라고 하였으나, [추록(追錄)]·[공방절목(工房節目)]·[완의(完議)]·[절목(節目)]은 이의현이 추가한 것으로 보인다.

박명양은 1743년(영조 19) 10월에 군자감 봉사(종8품)였다가[4] 11월에 의금부 도사가 되어[5] 1745년(영조 21)에 의금부 도사로서의 직무를 제대로 수행하지 못하였다는 이유로 처벌받았으므로[6] 《금오헌록》 작성 당시 의금부 도사(참하관[7])였음

2. 李宜鉉, 序文(二)에서 발췌하였다.

3. 序文(一)·(二) 참조.

4. 《承政院日記》 영조 19년(1743) 10월 1일⑪.

5. 《承政院日記》 영조 19년(1743) 11월 5일㉕.

6. 《承政院日記》 영조 21년(1745) 4월 26일⑩; 같은 해 7월 2일⑭.

7. 참하관(參下官): 조선시대의 관원은 크게 堂上官과 堂下官으로 나누고, 또 參上官과 參下官으로 나누기도 하였다. 당상관과 당하관에 관하여는 관련되는 부분에서 설명한다. 참상관과 참하관의 구별에 관하여 보면, 6품 이상을 참상관이라 하고, 7품 이하를 참하관 또는 參外官이라 하였다. 참상관은 朝會에 참석하는 관원이라는 의미로, (당상관의 겸직인 영사·판사·지사·동지사·첨지사 및 都提調·提調·副提調를 제외하고 實職만으로 볼 때) 모든 관청의 長은 참상관이었다. 문과·무과·잡과 합격자의 첫 벼슬은 대체로 참하관이나 문과·무과의 壯元만은 처음부터 참상관으로 임명하며, 지방의 儒學 교육을 위하여 都護府 이상의 큰 고을에는 참상관인 教授를 파견하고 郡 이하의 작은 고을에는 참하관인 訓導를 보내는 등 《經國大典》에 참상관과 참하관을 구별하는 규정이 많다.

을 알 수 있고,[8] 이의현은 1826년(순조 26) 1월에 제용감 봉사(종8품)에서 의금부 도사로 전임되어[9] 이듬해 희릉 직장(종7품)이 되었으므로[10] 《금오헌록》 증보 당시에 역시 의금부 도사(참하관)였음을 알 수 있다. 두 사람 모두 의금부의 참하(參下) 낭청으로서 자신이 몸담고 있는 관청의 내규를 정리하여 기록한 것이다.

이의현의 증보에는 상당히 중요한 의미가 내포되어 있다. 의금부가 존재한 전 시기에 걸쳐 업무수행의 모습이 크게 다르지는 않았을 것이나, 어느 정도의 변화는 당연히 있었을 것이다. 이의현은 [추록]과 [완의]에서 이러한 변화를 보여 주고 있다. 의금부 내규의 변화는 박명양이 기록한 부분과 이의현이 기록한 부분 사이에서만 보이는 것이 아니다. [추록] 내에서나 [완의] 내에서도 모순되는 규정이 보인다. 이의현은 이를 모두 정리하여, 우리에게 의금부의 변화상을 보여 주고자 하였다.

3. '금오(金吾)'의 의미

《금오헌록》에는 서문(序文)에 이어 [금오기의(金吾記義)]라는 항목이 있다. 이는 박명양이나 이의현이 쓴 것이 아니라 하백원(河百源)이 1837년(헌종 3) 3월 입직(入直) 중에 쓴 것이다. 그는 1834년(순조 34)에 처음 벼슬길에 올라(창릉 참봉; 종9품)[11] 1836년(헌종 2) 연말 도목정사(都目政事)에서 의금부 도사가 되어[12] 이듬해 연말 도목정사에서 순릉 직장(종7품)이 되므로,[13] [금오기의] 서술 당시에 의금부 도사(참하관)였음을 알 수 있다. 의금부는 줄여서 '금부(禁府)'라고도 하고, 왕옥(王獄)을 담당한다 하여 '왕부(王府)'로도 불렀으며, '금오(金吾)'라는 이름으로 부르기도 하였는데, 하백원은 [금오기의]에서 '금오'라는 별칭의 유래를 설명하였다.

---

8. 1745년 3월의 契帖(부록 1 참조)에도 등장한다.
9. 《承政院日記》 순조 26년(1826) 1월 2일⑧.
10. 《承政院日記》 순조 27년(1827) 6월 25일⑯.
11. 《承政院日記》 순조 34년(1834) 6월 25일㉗.
12. 《承政院日記》 헌종 2년(1836) 12월 25일㉑.
13. 《承政院日記》 헌종 3년(1837) 12월 24일⑭.

㉮ '금오'라는 官名을 만든 것은 그다지 오래된 것은 아니다. 여러 王獄을 칭함이니, 우리 東國이 곧 그러하다. 《漢書》 [百官公卿表]를 살펴보면, "中尉는 진나라의 관직으로 수도의 순찰을 담당하였는데, 기원전 104년(한 무제 태초 원년)에 이름을 고쳐서 '執金吾'로 하였다."라고 하였다. …. 또 《後漢書》 [百官志]를 살펴보면, "執金吾는 궁궐 밖에서 非常을 경계하는 일과 水火의 일을 담당하였다. …"라고 하였다. …. 호광은 "衛尉가 궁중에서 巡行하고 執金吾가 밖에서 순찰하여 서로 표리가 되니, 간사하고 교활한 자들을 잡아서 벌한다."라고 하였다. …. 무릇 이들 여러 說이 일치하지 않으며, 모두 王獄을 칭함이 아니다. 우리 동국에서는 고려시대에 金吾衛를 설치하였는데, 이름을 '備巡衛'라고도 하였으며, 순군옥이 있어서 간사하고 교활한 자들을 잡아 가두었으니, 대체로 또한 순찰하고 잡아 벌하던 한나라 제도를 본뜬 것이다. 그 후 대신과 朝士에게 죄가 있으면 문득 순군옥에 내렸으므로 금오위가 마침내 王獄이 되었다. 우리 왕조가 天命을 받고서는 의용순금사를 설치하였으니, 또한 순찰하는 뜻을 취한 것이다. … 태종 14년에 고쳐서 의금부라 하고 … 그대로 刑獄을 전담하게 하였다. 판사의 관직을 두었으니, 대체로 고려 王獄의 제도에 기인한 것이다. 그러나 한나라 제도를 약간 남겨 둔 것도 있으니, … 의금부에 예전에 玉牌가 있어서 三司의 出禁을 규찰하였는데 이는 衛尉와 더불어 서로 표리였던 것에 가깝고, 또 옛날에는 의금부 낭청 1명이 수성금화사 별좌를 例兼하였는데 이는 非常과 水火의 일을 담당한 것이며, 간사하고 교활한 자들을 잡아서 벌하는 것이라면 의금부가 (바로) 그 職이다. 대략적으로 말한다면, '금오'라는 이름은 여러 王獄을 칭하며 대체로 유래가 있으니, 이 職에 있는 자는 이름을 마음에 새기고 의미를 생각하여야 한다.[14]

㉯ 《漢書》 [百官公卿表]에 "중위는 진나라의 관직으로 수도의 순찰을 담당하였는데, 기원전 104년(한 무제 태초 원년)에 이름을 고쳐서 '執金吾'로 하였다. …"라고 하였다. … 또 후한 때에는 궁궐 밖 및 수도에서 도적, 水火, 의심스러운 일의 조사를 담당하였으니, 위위가 궁중에서 순행하고 執金吾가 궁궐 밖에서 순찰하여 서로 표리가 되어 뜻밖의 사태를 경계하기 위함이었다.[15]

---

14. [金吾記義]에서 발췌하였다.
15. 《唐六典》〈諸衛府〉: 漢書百官表: "中尉, 秦官, 掌徼巡京師. 武帝太初元年, 更名執金吾. …" … 又後漢掌宮外及京師盜賊·水火·考按疑事, 衛尉巡行宮中, 執金吾徼巡宮外, 相爲表裏, 所以戒不虞也(김택민 주편, 『역주 당육전』 하, 신서원, 2008, 213면).

㉮는 [금오기의]의 내용을 축약한 것이다. 이에 따르면, 본래 금오는 왕옥(王獄)을 가리키는 이름이 아니었으나, 고려시대 금오위에 순군옥을 두고 대신과 朝士의 죄를 다스리다 보니 금오위가 왕옥이 되었다고 한다. 즉, 중국의 옛 왕조에서 연원하는 것이 아니라 고려 또는 조선에서 독자적으로 왕옥을 금오라 부르기 시작하였다는 것이다.[16] 그러나 순군옥은 순군만호부의 옥(獄)이고 순군만호부와 금오위는 전혀 별개의 기관이므로,[17] 금오위가 위와 같은 사정으로 왕옥이 되었다는 것은 집필자의 오류에 불과하다. 《고려사(高麗史)》에도 금오위가 왕옥의 기능을 수행하였다는 기록은 없다.[18] 그런데 전한(前漢)·후한(後漢)의 집금오(執金吾) 업무에 왕옥으로서의 업무는 없으나, 조선시대 의금부의 업무와 중복되는 것이 많았음을 알 수 있다. ㉯는 좌우금오위에 관한 《당육전(唐六典)》의 기술로, ㉮에 빠진 내용으로서 후한의 금오위가 의심스러운 일의 조사를 담당하였다는 것이 있는데, 이는 조선시대 의금부에도 해당되었다. 이와 같이 한나라 집금오의 업무와 조선시대 의금부의 업무가 유사하여 금오가 의금부의 별칭이 된 듯하다.

4. 자료의 구성과 의의

[금오기의]에 이어 목록[19]－본문－추록－부록이 나온다. 본문 이하는 다음과 같이 구성되어 있다.

---

16. 정약용은 궁중 순찰의 기능은 없고 사법기관에 불과한 의금부를 금오라 부르는 것은 잘못된 것이라고 하였다. 《經世遺表》〈夏官兵曹〉[政官之屬] 및 〈秋官刑曹〉[刑官之屬](정약용, 정해렴 역주, 『역주 경세유표』 1, 현대실학사, 2004, 107면 및 124면) 참조.
17. 《高麗史》〈百官志〉에도 순군만호부는 [諸司都監各色]에서, 금오위는 [西班]에서 다루었다.
18. 《高麗史》〈兵志〉[兵制] 및 〈百官志〉[西班/金吾衛]에는 직제와 명칭 변경만을 기술하고 임무에는 언급하지 않았다. 《고려사》 전체를 통틀어 금오위의 임무를 알 수 있게 하는 기사는 〈刑法志〉[禁令]의 것이 유일한데, 윤리를 어지럽히고 풍속을 손상시키는[亂常敗俗] 무리를 어사대와 금오위에서 순찰하면서 금지시킬 것에 관한 내용이다.
19. '金吾憲錄目錄'이라 하지 않고 '金吾廳憲目錄'이라 하였는데, 결국 같은 의미다. 책표지에는 의금부의 관청 내규인 金吾廳憲을 기록한 책이란 의미로 《金吾憲錄》이라 하고, 목록에서는 《金吾憲錄》에 실린 의금부 내규의 목록이란 의미로 '金吾廳憲目錄'이라 한 것이다.

設立　官府　押拿　開坐　設鞫　頉稟　出使
侍衛　進排　封祟　座次　入仕　許參　差任
重來　上直　回公　糾檢　操切　受由　式暇
禮木　分兒　褒貶　報仕　先生　長房　古蹟
追錄　(附)工房節目　完議　節目
追附揭板　金吾廨宇節目　大門節目　罰例記　漢詩(5首)

본문의 28개 목(目)([설립]~[고적])은 박명양이 기록하였다. 추록의 4개 목([추록]~[절목])은 이의현이 기록하고 부록은 이름을 알 수 없는 후대 사람이 기록한 것으로 보인다. 본문과 추록이 《금오헌록》의 핵심으로, 의금부의 업무수행과 관련하여 '대전'류 등 여러 법규집의 규정은 물론, '대전'류 및 기타 법규집에 실리지는 않았지만 수교(受敎) 등의 형태로 존재한 것으로 보이는 규정들과 의금부에서 '완의(完議)'를 통해 자체적으로 정한 규정들까지 총망라한 것이 《금오헌록》이다. 각 목의 대략적인 내용을 소개하면 다음과 같다.

설립: 먼저 의금부의 시작이 어떠하였는지를 간략히 밝혔다. 이어서 업무, 구성원, 부속기관인 당직청의 위치와 업무를 순서대로 기록하였다.
관부: 의금부의 위치, 의금부를 구성하는 각 건물의 위치와 기능.
압나: 죄인을 의금부로 잡아 오는 사람 및 절차, 죄인을 유배지로 데리고 가는 사람.
개좌: 금부단독추국의 개시절차[인사하기, 자리 잡기, 형구(刑具) 설치 등] 및 참여인원.
설국: 삼성추국·금부추국·궐정추국·친림추국의 참여인원 및 절차.
탈품: 업무를 볼 수 없는 날, 업무를 볼 수는 있으나 형을 집행할 수 없는 날.
출사: 출장 나간 낭청과 지방관 사이의 서열, 출장 나갈 낭청을 정하는 기준.
시위: 낭청의 거둥 수행.
진배: 의금부의 추국과 평시 행정업무와 수선 및 죄수 관리 등에 필요한 물자의 조달.
봉숭: 상경력의 선발, 상경력에 대한 대우.

좌차: 낭청들의 좌차(=서열)를 정하는 기준.
입사: 새로 임명된 낭청에 관한 사항.
허참: 낭청의 허참을 위한 출관례·면신례의 시기와 방식.
차임: 낭청들 사이의 내부 업무 분장.
중래: 과거에 의금부 낭청이었던 신임 낭청의 면신·주도(做度) 등에 관한 특별 규정.
상직: 낭청의 의금부 및 당직청에의 입직에 관한 규정(입직 순서, 근무교대시각, 주도).
회공: 낭청이 공사(公事)에 관한 문서를 당상관들에게 회람시키는 것에 관한 사항.
규검: 관청 내부의 기강 확립.
조절: 신임 낭청에 대한 특별취급(이른바 '군기 잡기').
수유: 낭청의 청원휴가에 관한 제한.
식가: 낭청의 법정휴가(제사) 및 복상(服喪) 기간.
예목: 의금부 당상관·낭청 출신 지방관에 대한 물자 요구.
분아: 당상관과 낭청에 대한 달력·붓·시험용지 등 사적 물품의 지급.
포폄: 낭청에 대한 당상관의 인사고과를 위한 절차.
보사: 낭청의 근무 일수에 대한 계산 및 보고.
선생: 면신을 한 낭청에 대한 대우 및 그들의 특권.
장방: 무자격자의 장방 입장 금지.
고적: 옥패(玉牌)·신문고·푸줏간·나례(儺禮)·금화(禁火) 등 현재는 없어진 과거의 사물·의식·관행 등.
추록: 새로운 사항 및 기존과 달라진 사항.
(부)공방절목: 재정(財政)의 지침.
완의: 내부 협의에 의하여 결정한 사항.
절목: 서리의 횡령을 막기 위한 절목과 신임 낭청의 면신례 및 주도에 관한 절목.
추부게판: 청사에 게시된 중요한 사항들[어명, 벌례(罰例), 나장의 정원 등].
금오해우절목: 청사관리에 관한 절목, 나장패의 규격에 관한 절목.
대문절목: 벌례전·곡호채 등의 수납 및 운용.

벌례기: 벌례의 용처별 금액.

한시: 김종직·정철 등 의금부의 관원이었던 것으로 추정되는 5인의 시 각 1수.

이처럼 《금오헌록》에는 의금부의 연혁과 기능 및 관원의 구성, 관청의 위치와 구조, 각 건물 및 부속기관의 용도, 관청 내외에서의 사법 및 행정업무의 수행, 내부적 업무분장, 관리감독관계, 공식휴무일과 휴가, 어가(御駕)의 시위(侍衛)에 관한 규정은 물론, 신입의 통과의례로 조선시대 내내 폐단이 지적되었던 '면신례(免新禮)', 신입에 대한 각종 제약, 낭청의 수장인 상경력(上經歷)에 대한 우대, 업무에 필요한 물자의 지원, 전직 의금부 관원에 대한 우대 및 금전청구, 폐지된 고례(古例) 등 의금부와 관련된 세세한 내용까지 담겨 있다. 따라서 의금부의 재판에 관해서는 《육전조례(六典條例)》보다 덜 자세하지만, 그 점을 제외하고는 의금부의 매우 구체적인 모습을 확인하기 위한 참고자료로서 《금오헌록》만큼 좋은 것은 없다. 이 자료를 의금부의 업무집행에 관한 기록인 《의금부등록(義禁府謄錄)》과 함께 참조한다면 의금부의 전모 파악이 가능할 것이다.

金吾憲錄

序文(一)

嗚呼! 急書蒼黃, 危機慘惔, 乾坤震薄, 雷霆變色. 凶鋒毒鐍, 狺狺傍伺, 觸虀摟粉之勢, 迫在呼吸之間耳. 當此之時, 上命一金吾郎 縛而致之, 則金吾郎承命而出, 無辭而去. 噫噫! 千萬人吾往之勇,[1] 固不可責之於人人, 而我國家一脈綱紀之移易不得者, 則有王府之舊憲矣. 是以操切而糾檢之, 戲謔而飭勵之, 在右位而施之無難, 在下位而當之無怨. 不敢有其齒有其勢而後, 可以無臨事做錯之患也. 然則操切之功, 有倍於平日之培養, 戲謔之習, 反勝於閑處之高談. 一切縛束於平常無事之時, 不得推諉於死生臨急之際者, 信乎? 府不可以無憲, 有憲則不可以不嚴也. 若夫桴鼓絶警, 囹圄空虛, 盃盤淋漓, 談笑雍容, 或繫纜於西湖, 或盍簪於北營, 竟日團欒, 不醉無歸, 此又他司之所無者也. 古人之願作執金吾者, 良有以矣. 嗚呼! 憂樂無常, 苦歇有時. 自初設施之意, 夫豈偶然. 而一傳再傳, 傳訛襲謬, 餘者無幾, 存者未瑩. 凡於日用應行之事, 疎漏脫略者, 十居八九. 當其急遽之際, 只憑下吏之口, 則後之人, 於何所攷據而遵行之也. 遂與諸僚, 博採於古今傳聞及前後完議, 或提綱而儔分之, 或立目而條列之. 略者詳之, 漏者補之. 使一府之金科玉條, 燦然復明, 而不敢以己意, 參錯於其間者. 恐得僭妄之辜耳. 若其永久遵守之責, 竊有望於後之諸君子.

---

1. 《孟子》〈公孫丑上〉: 昔者, 曾子謂子襄曰, "子好勇乎? 吾嘗聞大勇於夫子矣. 自反而不縮, 雖褐寬博, 吾不惴焉. 自反而縮. 雖千萬人吾往矣."

崇禎再甲子復月初吉, 咸陽朴鳴陽記.

오호! 급보가 창황하고 위기는 참담하며, 하늘과 땅은 뒤바뀌고 천둥소리에 낯빛이 바뀐다. 흉독한 병장기로 으르렁거리며 엿보니 위험천만한 형세는 숨 쉬는 사이에도 급박할 따름이다. 이러한 때를 당하여 임금께서 한 금오랑에게 명하시기를 묶어서 끌어오라 하시니, 금오랑은 명을 받들어 말없이 나간다. 아아! 천만인이라도 나는 나아가겠다는 용기는 모든 사람에게 요구할 수 없지만, 우리나라의 바꿀 수 없는 한줄기 기강은 의금부에 옛 규범이 있음이다. 이러므로 단단히 단속하고 규찰하며 농지거리를 하면서도 경계하고 격려하니, 선임 낭청은 이를 행하면서 거리낌이 없고, 후임 낭청은 이를 당하면서 원망이 없다. 감히 나이를 내세우고 권세를 내세우지 않는 연후에야 사건에 임하여 잘못을 범할 우려가 없게 된다. 그런즉 단단히 단속함[操切][2]의 효과는 평소의 단련[培養]보다 배가 되고, 농지거리 관행은 오히려 한가한 곳의 고상한 이야기보다 낫다. 평상시 일이 없을 때에 철저히 단속해야 목숨이 왔다 갔다 하는 위급한 때에 떠넘기지 못한다 함이 정말인가? 의금부에는 규범이 없을 수 없고, 규범이 있으면 엄하지 않을 수가 없다. 북채와 북은 더는 경계를 하지 않고 감옥은 텅 비었으며 술잔과 쟁반이 홍건하도록 담소를 즐기는데, 서호[3]에서 배 띄워 놀거나 북영[4]에 모여서 온종일 친밀하게 즐겨 취하지 않으면 돌아가지 않으니, 이는 또한 다른 관사에는 없는 것이다. 옛사람이 의금부를 만든 것은 참으로 까닭이 있음이라. 오호! 슬픔과 즐거움이 무상하고 괴로움과 편함에 때가 있다. 처음에 설시한 뜻이 어찌 우연이겠는가. 그러나 한 번 전해지고 다시 전해지면서 잘못 전하고 계승하여 남은 것이 얼마 되지 않고, 있는 것도 흐리멍덩하다. 무릇 날마다 마땅히 행해야 하는 일에 소루하고 빠지고 간략한 것이 열에 여덟아홉이다. 갑작스러운 때를 당하여 오직 아전

---

2. 操切: 新位(신임 낭청)에 대한 단속을 의미한다. 이에 비하여 糾檢은 아전까지를 포함하여 전반적인 단속을 의미한다. [操切] 및 [糾檢] 참조.
3. 西湖: 도성 서쪽 15리 지점을 西江이라고 하는데 마포에서 여기까지를 통틀어 서호라고 한다. 《新增東國輿地勝覽》 권3 〈비고편〉 참조.
4. 北營: 지금의 서울 종로구 원서동에 있었던 조선시대의 군영이다. 훈련도감의 본영으로 창덕궁 서쪽에 위치하였다. 《萬機要覽》 〈군정편2〉 참조.

의 입에만 의지하니, 후세의 사람들이 어디에 근거하여 준행하겠는가. 드디어 여러 동료와 더불어 널리 고금에 전하는 것과 전후 완의(完議)에서 채택하여, 혹은 큰 틀에 맞추어 배열하고, 혹은 항목을 세워서 조목조목 나열하였다. 간략한 것은 자세하게 하고, 빠진 것은 보충하였다. 한 관부의 금과옥조를 찬란하게 복원하고, 감히 사견을 그 사이에 섞지 않았다. 참람하고 망령되다는 죄를 얻을까 두려울 따름이다. 영구히 준행할 책임은 슬며시 후세의 여러 군자에게 바란다.

1744년(영조 20) 11월 1일 함양인 박명양[5]이 기록하다.

序文(二)

凡百官司, 莫不有定規成憲, 載爲謄錄, 傳之來後, 盖欲其有所考據, 無或壞亂也. 況本府之以待變重地, 素有廳風之名乎! 余於入府之初, 取閱其府中規憲, 則詳略相因, 巨細畢擧, 分條立目, 井井可觀, 而一言以蔽之曰, 尊右位也. 尊右位, 故令施而必行, 令必行, 故事定而不困. 於是乎待變重地之體得, 而廳之以風名者, 不其然乎? 然則其載錄而傳來者, 雖謂之羽翼於關和可也, 顧不重歟. 錄之始成 在於再去甲子. 距今已餘八十年矣, 惜其紙敝而毛 墨刓而脫 往往字畫難辨處. 苟不有以繼而新之, 幾何其不蕩無考據? 不期壞亂而自壞亂乎. 余爲是之慮, 玆庸無所損益, 易紙前本, 只圖久遠之方, 卽較若畫一. 遵而勿失之意. 後之於今, 亦猶今之於昔, 推往告來. 謹附小識如是云爾.

歲丙戌孟秋下澣, 宣城李宜鉉書.

---

5. 朴鳴陽(1709-?): 조선 후기 관리. 본관은 함양이고, 통덕랑 朴舜揆의 아들이다. 자는 鳳兮. 1738년(영조 14) 식년 생원시에 합격하였다. 1745년(영조 21) 의금부 도사로 재직하던 중 公洪水使 윤광신을 체포하라는 명을 받았으나, 윤광신이 완강하게 저항하여 일을 제대로 처리하지 못하였다. 그 책임으로 유배되었다. 이후 영의정 김재로가 박명양이 80세가 넘는 노부모를 모시고 있다는 이유로 선처를 청원하여, 박명양은 석방되었다. 1748년(영조 24) 御眞을 완성하고 선원전에 봉안하는 과정에 참여한 공로를 인정받아 加資되었다. 영평현령이던 1757년(영조 33) 혹형으로 3명이나 죽이고, 임부에게도 형장을 쳐서 낙태를 시키며, 사대부 가문의 서녀를 자신의 첩으로 삼으려고 계책을 꾸미는 등의 행위로 탄핵되어 경성으로 유배되었다. 양천현감이던 1764년(영조 40)에는 금주령을 어겨 유배되었다. 1745년 3월의 金吾座目(이 책 부록 1 참조)에 그의 이름이 보인다.

무릇 모든 관사 중에 규범을 정하지 않은 곳이 없으며, 이를 등록으로 만들어 후배들에게 전해 주니, 대개 참고하여 근거로 삼을 바가 있게 하려는 것이고, 무너져 어지러워지지 않게 하려는 것이다. 하물며 의금부는 변고에 대비하는 중요한 곳으로서 본래 관청 풍속의 명성이 있도다! 내가 의금부에 들어온 초기에 의금부의 규범을 조사해 본즉, 상세한 것과 간략한 것이 서로 관련되고, 큰 것과 세부적인 것이 모두 있으며, 조목을 나누었으니, 질서정연하여 볼 만한데, 한마디로 말하면 선임 낭청을 높이는 것이다. 선임 낭청을 높이는 까닭에 영(令)이 내려지면 반드시 행해지며, 영이 반드시 행해지는 까닭에 일이 정해지고서 곤란하지 않다. 이로써 변고에 대비하는 중요한 곳의 체모가 이루어지니, 관청의 풍속·명분 된 것이 그렇지 아니하겠는가? 그런즉 기록하여 전해 오는 것을 관석화균[6]의 보조라 일컫는 것도 가하며, 다만 (그만큼) 중요하지 않다. 이를 기록하여 지난 1744년(영조 20)에 비로소 이루었다. 지금과는 이미 80여 년이나 차이가 나니, 종이가 해져서 너덜너덜해지고, 먹이 닳아서 떨어졌으며, 왕왕 자획을 분별하기 어려운 곳도 있음이 애석하다. 진실로 계승하여 새로 엮지 않는다면, 참고하여 근거로 삼을 것이 슬어 없어지지 않으리라고 어찌 믿겠는가? 못 쓰게 됨을 바라지 않더라도 자연히 못 쓰게 될 것이다. 내가 이를 염려하여, 이에 가감하는 것 없이 원본의 종이를 바꾸어 다만 오래도록 남길 방안을 계획하니, 곧 완전히 똑같은 것이다. 준수하여 잃지 말지어다. 지금에 있어서 미래는 또한 과거에 있어서 지금과 같으니, 지나간 것을 유추하여 다가올 것을 알려 준다. 삼가 이와 같이 소지(小識)를 붙일 따름이다.

1826년(순조 26) 7월 하순 선성인 이의현[7]이 쓰다.

---

6. 關石和鈞: 120斤인 石을 유통시키고 30斤인 鈞을 공평하게 한다는 것으로, 백성이 사용하는 저울을 공정하게 하는 것이니, 곧 法度를 잘 지키도록 해야 한다는 것이다(《정조실록》 정조 2년(1778) 1월 12일② 주 034 참조). 《書經》에 보이며(《尙書》〈夏書〉[五子之歌]: 明明我祖, 萬邦之君, 有典有則, 貽厥子孫. 關石和鈞, 王府則有, 荒墜厥緖, 覆宗絶祀), 줄여서 '關和'라고 한다.

7. 李宜鉉(1777-?): 字는 幼安. 본관은 예안. 아버지는 현감을 지낸 이건주. 1798년(정조 22)에 식년 생원시에 합격하였다. 1833년(순조 33)에는 부여현감을 지내다가 失政으로 파직된 듯하다.

金吾記義

金吾之立官名, 非邃古也. 稱諸王獄, 吾東卽然. 按漢書百官公卿表, "中尉 秦官, 掌徼循京師, 武帝太初元年, 更名執金吾."[8] 顔師古註曰, "金吾 鳥名, 主辟不祥. 天子出行, 職主先導, 以禦非常, 故執此鳥之象以名官."[9] 又按後漢百官志, "執金吾, 掌宮外戒司非常水火之事, 月三繞行宮外. 吾 猶禦也."[10] 應劭註曰, "執金革, 以禦非常." 胡廣曰, "衛尉巡行宮中, 則金吾徼于外, 相爲表裏, 禽奸討猾."[11] 唐韋述西京雜記, "京城街衢, 金吾曉暝傳呼, 以禁夜行."[12] 又按崔豹古今註曰, "金吾車輻 棒也. 漢官執金吾, 吾 止也. 以銅爲之, 黃金塗兩末, 謂之金吾. 御史大夫司隷校尉, 亦得執焉."[13] 凡玆諸說不同, 而俱非王獄之稱也. 吾東, 則高麗時, 設金吾衛, 亦名備巡衛. 有巡軍獄, 禽奸猾囚之, 蓋亦依倣乎徼循禽討之漢制也. 其後大臣朝士有罪, 輒下巡軍獄, 故金吾衛遂爲王獄. 我朝受命, 置義勇巡禁司, 亦取徼循之義. 而司員多額, 不相統攝, 故有封崇之規. 品秩等夷, 無以糾檢, 故有罰例之名. 遂以口傳之次, 嚴其右下之位. 太宗十四年, 改爲義禁府, 置鎭撫官, 猶是檢察義勇之義. 仍以專掌刑獄. 設判事之官, 蓋因麗氏王獄之制也. 然而漢制略有存者, 每主上動駕, 本府郎官, 例爲導駕, 是則天子出行 職主先導也, 本府舊有玉牌, 糾察三司之禁, 是則有近乎與衛尉相表裏也, 且故事, 本府郎廳一員, 例兼禁火司別坐, 此則司非常水火之事也, 至若禽奸討猾, 本府是其職也. 概以言之, 金吾之名, 稱諸王獄, 蓋有由也, 居是職者, 顧名思義, 可也.

丁酉季春之朏, 直中漫書. 晋陽河百源穉行甫.

---

8. 《漢書》 권19 〈百官公卿表〉 中尉, 秦官, 掌徼循京師, 有兩丞·候·司馬·千人. 武帝太初元年更名執金吾.
9. 《漢書》 권19 〈百官公卿表〉 (注) 師古曰: 金吾, 鳥名也. 主辟不祥, 天子出行, 職主先導, 以禦非常, 故執此鳥之象因以名官.
10. 《後漢書》 권37 〈百官志〉 執金吾一人, 中二千石. 本注曰 : 掌宮外戒司非常水火之事. 月三繞行宮外及主兵器. 吾猶禦也.
11. 《後漢書》 권37 〈百官志〉 (注) 胡廣曰: 衛尉巡行宮中, 則金吾徼於外, 相爲表裏, 以擒姦討猾.
12. 《古今事文類聚》 권7 〈天時部/金吾禁夜〉: 西都京城街衢, 有金吾曉暝傳呼, 以禁夜行, 惟正月十五夜, 勅許金吾弛禁前後各一日 <唐韋述西都雜記>.
13. 《古今注》 〈輿服〉 車輻, 棒也. 漢朝執金吾, 金吾亦棒也. 以銅爲之, 黃金塗兩末謂爲金吾. 御史大夫司隷校尉亦得執焉. 御史校尉郡中都尉縣長之類, 皆以木爲吾焉. 用以夾車故謂之車輻, 一曰形似輻故謂之車輻也.

'금오(金吾)'라는 관명(官名)을 만든 것은 그다지 오래된 것은 아니다. 여러 왕옥(王獄)을 칭함이니, 우리 동국(東國)이 곧 그러하다. 《한서(漢書)》 [백관공경표(百官公卿表)]를 살펴보면, "중위(中尉)는 진나라의 관직으로 수도의 순찰을 담당하였는데, 기원전 104년(한 무제 태초 원년)에 이름을 고쳐서 '집금오(執金吾)'로 하였다."라고 하였다. 안사고의 주에는 "금오는 새의 이름이니 상서롭지 않은 것을 물리침을 주관한다. 황제의 행차 앞에서의 인도를 주관함을 직무로 삼아 긴급상황에 대비하므로, 이 새의 상징을 취하여 관직명을 지었다."라고 하였다. 또 《후한서(後漢書)》 [백관지(百官志)]를 살펴보면, "집금오는 궁궐 밖에서 긴급상황을 경계하는 일과 수재·화재의 일을 담당하였으며, 매월 3회 행궁(行宮) 밖을 둘러보았다. '오(吾)'는 '어(禦)'와 같다."라고 하였다. 응소의 주에는 "금띠를 잡고서 긴급상황에 대비한다."라고 하였다. 호광은 "위위(衛尉)가 궁중에서 순행하고 집금오가 밖에서 순찰하여 서로 짝이 되니, 간사하고 교활한 자들을 잡아서 벌한다."라고 하였다. 당나라의 위술은 《서경잡기(西京雜記)》에서 "수도의 거리에서 금오위가 새벽과 밤(이 되었음)을 전하여 알림으로써, (사람들이) 밤에 다니는 것을 금하였다."라고 하였다. 또 최표의 《고금주(古今注)》를 살펴보면 "금오(金吾)와 거폭(車輻)은 봉(棒)이다. 한나라의 관직인 집금오에서 '오(吾)'는 그치는 것이다. 구리로 그것을 만들고 황금을 양쪽 끝에 칠하여 '금오'라고 이른다. 어사대부와 사예교위가 또한 그 봉을 잡을 수 있다."라고 하였다. 무릇 이들 여러 설이 일치하지 않는데, 모두 왕옥을 칭함이 아니다. 우리 동국에서는 고려시대에 금오위(金吾衛)를 설치하였는데, 또한 비순위라고 이름 하였다. 순군옥이 있어서 간사하고 교활한 자들을 잡아 가두었으니, 대체로 또한 순찰하고 잡아 벌하던 한나라 제도를 본뜬 것이다. 그 후 대신과 조사(朝士)에게 죄가 있으면 번번이 순군옥에 내렸으므로, 금오위가 마침내 왕옥이 되었다. 우리 왕조(=조선)가 천명(天命)을 받고서는 의용순금사를 설치하였으니, 또한 순찰하는 뜻을 취한 것이다. 그런데 낭청의 수가 많아 서로 통섭(統攝)하지 않으므로, (상경력을) 봉숭[14]하는 규정이 있다. 관직의 품계가 같아서 규검(糾檢)할 수 없으므로 벌례(罰例)의 명목이 있다. 드디어

14. 封祟: 여러 가지 의미가 있으나, 의금부에서는 주로 낭청들의 투표[圈點]로 상경력을 뽑는 절차를 의미한다. [封祟] 참조.

임명된 순서[15]로써 선임과 후임의 지위를 엄격히 하였다. 1414년(태종 14)에 고쳐서 의금부라 하고 진무(鎭撫)의 관직을 두었으니, 여전히 검찰과 의용(義勇)의 의미다. 그대로 형옥(刑獄)을 전담하게 하였다. 판사의 관직을 두었으니, 대체로 고려 왕옥의 제도에 기인한 것이다. 그러나 한나라 제도를 약간 남겨 둔 것도 있으니, 임금이 거둥할 때마다 의금부 낭청이 행렬의 인도를 관례상 행하니 이는 황제의 행차 앞에서의 인도를 주관함을 직무로 삼는 것이고, 의금부에 예전에 옥패(玉牌)가 있어서 삼법사[16]의 출금(出禁)을 규찰하였는데[17] 이는 위위와 더불어 서로 짝인 것에 가까우며, 또 옛날에는 의금부 낭청 1명이 수성금화사 별좌를 예겸(例兼)하였는데[18] 이는 긴급상황과 수재·화재의 일을 담당한 것이고, 간사하고 교활한 자들을 잡아서 벌하는 것이라면 의금부가 (바로) 그 직이다. 대략 말한다면, '금오'라는 이름은 여러 왕옥을 칭하며 대체로 유래가 있으니, 이 직에 있는 자는 이름을 마음에 새기고 의미를 생각하여야 한다.

1837년(헌종 3) 3월 초, 입직(入直) 중에 생각나는 대로 적다.

진양인 치행 하백원.[19]

15. 임명된 순서: 원문의 '口傳'을 이렇게 번역하였으며, 이하 같다. 의금부 낭청은 受點이 아닌 口傳에 의하여 임명되었기 때문에 '임명된 순서'라는 의미로 '口傳'이라고 한 것 같다. 의금부 낭청의 구전 임명에 관하여 자세히는 졸고, 「義禁府의 조직과 추국에 관한 연구」, 서울대학교 법학박사학위논문, 2013, 30－33면 참조.

16. 三法司: 세 法司, 곧 조선시대에 사법권을 가졌던 형조·사헌부·한성부를 이르며, 三司라고도 한다.

17. [古蹟] §1 참조.

18. 《經國大典》〈吏典〉[京官職/正四品衙門/修城禁火司]: 兼別坐六員; 四, 義禁府經歷·兵曹刑曹·工曹正郎, 各一員.

19. 河百源(1781－1845): 자는 穉行이고, 호는 圭南이다. 전라도 화순에서 태어났다. 송환기에게 학문을 배웠으며, 1803년(순조 3) 진사시에 합격하였다. 대과를 보아 벼슬길에 나아가기를 포기하고 천문·지리·산수 등 실용적 학문에 주력하였다. 1834년 관찰사의 천거를 받아 창릉참봉으로 나아가고 이어 의금부도사·형조좌랑·석성현감 등을 지냈다. 저서로 《규남문집》이 있다.

金吾廳憲目錄

金吾廳憲 <金吾, 鳥名, 取其鷙悍之義>

〈금오는 새의 이름으로, 사납고 억센 의미를 취하였다.〉

一. 設立

太宗朝十四年, 改義勇巡禁司爲義禁府. 置提調鎭撫知事都事.[1]

태종 14년(1414), 의용순금사를 고쳐 의금부로 하였다. 제주·진무·지사·도사를 두었다.[2]

一. 掌奉敎推鞫及士庶申訴告牒等事.[3]

1. 왕명을 받들어 추국하는 것과 사·서인의 고소·고발 등의 일을 관장한다.

一. 判事從一品, 知事正二品, 同知事從二品, 凡四員. 皆以他職兼帶.[4]

2. 판사(종1품)·지사(정2품)·동지사(종2품)로, 합쳐서 4원이다. 모두 다른 관직에 있는 자가 겸직한다.[5]

---

1. 《太宗實錄》 태종 14년(1414) 8월 21일④: 改義勇巡禁司爲義禁府, 罷祿官, 置口傳官. 堂上稱提調, 鎭撫二正三品, 副鎭撫二從三品, 知事二四品, 都事四五六品.
2. 당시 의금부에는 당상관인 都提調(1인)·제주(3인), 당하관인 진무(2인)·부진무(2인)·지사(2인)·도사(4인)의 관원이 있었다. 지사는 한자로 知事이기는 하나 당하관이므로, 의금부가 영판지체계로 개편된 뒤의 당상관인 知事와 구별할 필요가 있다. 의금부의 연혁에 관하여 자세히는 졸고, 「義禁府의 조직과 추국에 관한 연구」, 서울대학교 법학박사학위논문, 2013, 15－29면 참조.
3. 《經國大典》〈吏典〉[京官職/從一品衙門/義禁府]: 掌奉敎推鞫之事.
4. 《經國大典》〈吏典〉[京官職/從一品衙門/義禁府]: 判事＜從一品＞ 知事＜正二品＞ 同知事＜從二品＞＜堂上官四員以他官兼 堂下官十員＞; 《大典通編》〈吏典〉[京官職/從一品衙門/義禁府]: ＜以上 或一或二以備四員＞.
5. 영판지체계하에서 관서를 막론하고 영사는 정1품, 판사는 종1품, 지사는 정2품, 동지사는 종2품, 첨지사는 정3품이며, 모두 겸직이다. 이들은 중추부 영사나 돈령부 판사가 아니라 영중추부사나 판돈령부사 등으로 부른다(《經國大典》〈吏典〉[京官職]). 따라서 의금부의 판사~동지사는 각각 판의금부사, 지의금부사, 동지의금부사가 된다. 위에서 인용한 《大典通編》 규정에 따르면, 판사~동지사 중 두 관직은 1인이고 한 관직은 2인으로

一. 郎廳十員中, 參上稱經歷, 參下稱都事. 古例則參上參下各五員, 而中間變易, 參上八員, 參下二員矣. 今上庚戌鞫獄時 以爲, "參上隨卽遷轉, 而殊無久任責成之意. 俾復古規." 今則參上參下各五員差出事.[6]

3. 낭청[7] 10원 중에 참상관[8]은 경력, 참하관은 도사라 부른다. 옛날에는 참상·참하관이 각 5원이었는데, 중간에 바뀌어 참상관 8원, 참하관 2원이다. 영조가 경술국옥[9] 당시에 "참상관은 순서가 되면 승진·전보하니, 장기간 근무케 하여 책임지게 하는 뜻이 별로 없다. 옛 법을 되살리라."라고 하였다.[10] 지금은 참상·참하관을 각 5원 뽑아 임명한다.

一. 別設當直廳于闕外, 郎廳一員, 受牌入直, 晝夜不離. 凡大小公事, 卽通本府, 使卽擧行事.[11]

4. 궐 밖에 따로 당직청을 설치하여, 낭청 1원이 패를 받아 입직(入直)하면서 밤낮으로 떠나지 않는다. 무릇 크고 작은 공사는 곧 의금부로 통지하여 즉각 거행케 한다.

一. 本府大小入啓文書, 送于當直, 則入直郎廳, 卽爲親呈政院事.[12]

5. 의금부의 크고 작은 보고문서를 당직청에 보내면, 입직한 낭청이 즉시 직접

하여 총 4인으로 한다고만 할 뿐, 판사를 2인으로 할 것인지 지사나 동지사를 2인으로 할 것인지에 관하여는 규정하지 않았다. 아문의 서열과 관련하여, 영판지체계의 관서에서는 영사~첨지사를 제외한 實職 중 가장 높은 관직의 품계를 기준으로 몇 품 아문인지를 정하였으나, 의금부는 태종 이래로 모든 관직이 겸직이었기 때문에 가장 높은 판사의 품계를 기준으로 종1품아문으로 하였다.

6. 《經國大典》〈吏典〉[京官職/從一品衙門/義禁府]: ＜堂上官四員以他官兼堂下官十員＞; 《續大典》〈吏典〉[京官職/從一品衙門/義禁府]: 原典經歷都事 今作參上參外都事 參外仕滿九百陞六品; 《大典通編》〈吏典〉[京官職/從一品衙門/義禁府]: ＜原典經歷都事 通爲十員 隨品陞降 續典罷經歷 以十員 分作參上參外都事 各五員 參上一員 作武窠 參外 非生進不得差＞.

7. 낭청: 5품 이하를 낭청 또는 낭관이라 한다(북한 사회과학원, 『리조실록난해어사전』 참조). 관계의 명칭이 정1품~종4품은 '○○大夫'이고 정5품 이하는 '○○郎'인 데서 유래한 명칭으로 생각된다.

8. 참상관: 종6품 이상을 참상관이라 한다. 정7품 이하는 참하관 또는 참외관이라 한다.

9. 경술국옥: 이인좌의 난 잔당인 정사효 등이 종친인 이해·이기 등과 함께 역모한 사건에 대한 鞫獄으로, 영조 6년(1730)에 있었다.

10. 전거를 찾을 수 없다.

11. 《六典條例》〈刑典〉[義禁府/總例]: 別設當直廳于闕外 郎廳一員 受牌入直 大小公事 卽通本府.

12. 《六典條例》〈刑典〉[義禁府/總例]: 本府大小文書 送于當直廳 卽爲親呈入啓.

승정원에 전달한다.

一. 若有不時嚴急之事, 則自當直走, 通其幾微, 使各位, 卽刻齊會待令事.

6. 만약 때 아니게 매우 급한 일이 있으면 당직청 입직 낭청이 곧장 가서 그 기미를 통지하여, 각위(各位)[13]로 하여금 즉각 제회(齊會)[14]하여 영을 기다리게 한다.

二. 官府

一. 本府在中部堅平坊.

1. 의금부는 중부 견평방[15]에 있다.

一. 王府重地, 體貌非比他衙門, 司員非冠帶無得出入事.

2. 의금부는 중요한 곳으로 체면이 다른 아문에 비할 바가 아니니, 의금부 낭청이라도 관복을 입지 않고서는 출입할 수 없다.

一. 本府有大廳, 癸坐丁向, 坐起處. 南有虎頭閣, 罪人捧招處. 東有東西兒房二處, 四堂上歇所. 北有蓮亭, 夏節歇所. 西有挾軒, 軒西, 有郞廳房及大廳, 郞廳一會處. 有西軒, 新位所住處. 西庭有府君堂, 西邊十間內, 四間作樓, 樓上三間, 藏置文書, 一間藏置雜物. 樓下三間. 廚房四間. 書吏長房二間. 雖稱長房, 曾經堂郞先生所囚處. 南有三間正門, 正門判事, 東門知事, 西門同知事出入. 三門外有

---

13. 各位: 新位에 대비되는 개념, 즉 신위가 아닌 자들을 各位라고 한 듯하다. 신위와의 관계에서 지칭할 때에는 右位라 하고, 신위와의 관계가 문제 되지 않을 때에는 各位라고 한 듯하다.
14. 齊會: 의금부 낭청 전원이 한데 모이는 것.
15. 조선시대에 수도 한성을 東·南·中·西·北의 五部로 나누고 각각의 部를 10개 내외의 坊으로 나누었다. 견평방은 중부의 8개 방 중 하나였으며, 지금의 중구 견지동·공평동 및 인사동 일부다. 의금부는 현재의 한국스탠다드차타드은행 본점 자리에 있었다.

大門，正門堂上出入，西挾門，則郞位及曾經先生出入，而非先生，則不得出入．推鞫時問事郞廳及兩司堂上以下官出入．東挾門，則下人及罪人出入，而非先生各司官員，亦爲出入．大門外，有望門三門．正門則官員出入，西挾則下人出入，東挾則罪人出入．

3. 의금부에 대청이 있으니, 남향[16]이며, 좌기(坐起)하는 곳이다. 남쪽에 호두각[17]이 있으니 죄인의 진술을 받는 곳이다. 동쪽에 동·서 아방 두 곳이 있으니, 네 당상관[18]이 쉬는 곳이다. 북쪽에 연정이 있으니, 여름철에 쉬는 곳이다. 서쪽에 좁은 헌(軒)이 있고, 헌의 서쪽에 낭청방 및 대청이 있으니, 낭청들이 회합하는 곳이다. 서헌이 있으니, 신위(新位)[19]가 있는 곳이다. 서쪽 뜰에 부군당[20]이 있으니, 서쪽 면이 열 칸인데 네 칸은 누각으로 지었으며, 2층의 세 칸에는 문서를 보관하고 한 칸에는 잡물을 보관한다. 1층은 세 칸이다. 주방은 네 칸이다. 서리(書吏)의 장방(長房)[21]은 두 칸이다. 비록 장방이라고는 부르지만, 전임 당상관이나 전임 낭청 선생(先生)[22]을 가두는 곳이다.[23] 남쪽에 세 칸짜리 정문이 있으니, 정문은 판사, 동문은 지사, 서문은 동지사가 출입한다. 세 개의 문 바깥에 대문이 있으니, 정문은 당상관[24]이 출입하고, 서쪽의 쪽문으로는 낭청 및 전임 선생이 출입하는데, 선생이 아니면 출입할 수 없다. 추국할 때에는 문사낭청[25] 및 사헌부·사간원의 당상관[26] 이하가 출입한다. 동쪽의

---

16. 정확히는 正南에서 시계방향으로 15°인 방향이다. 즉 6시 방향과 7시 방향의 사이다. 원문은 '癸坐丁向'인데, '癸'나 '丁'은 모두 방위를 나타내는 표현으로, '癸'는 12시 방향과 1시 방향의 사이이며, '丁'은 6시 방향과 7시 방향의 사이다. '癸坐丁向'은 '癸' 방향을 등지고 '丁' 방향을 보고 있다는 뜻이기 때문에, 6시 방향과 7시 방향의 사이가 되는 것이다. 이십사방위를 正北에서부터 시계방향으로 나열하면 子·癸·丑·艮·寅·甲·卯·乙·辰·巽·巳·丙·午·丁·未·坤·申·庚·酉·辛·戌·乾·亥·壬이다.
17. 虎頭閣: 의금부에서 죄인을 심문하는 집. 正堂 앞쪽에 붙어서 범의 대가리처럼 쑥 내밀었다 하여 붙은 이름이다.
18. 판사·지사·동지사를 가리킨다.
19. 新位: 의금부의 신임 낭청을 가리킨다. [入仕] 및 [許參] 참조.
20. 府君堂: 각 관아에서 神을 모셔 두고 빌었는데 이를 '付根'이라 하고, 그 神祠를 '付根堂'이라 하였다. 이후 와전되어 '府君堂'이 되었다(李能和, 李在崑 譯註, 『朝鮮巫俗考』, 白鹿出版社, 1976, 170-171면).
21. 長房: 지방 관아에서 서리가 쓰던 방.
22. 先生: 신임 낭청이 出官과 免新을 거치면 선생이라고 하였다([禮木] §1 참조). 출관과 면신의 절차에 관하여는 [許參] 참조.
23. [禮木] §1 및 [長房] §1 참조.
24. 여기서는 당상관의 본래 의미와는 달리 정3품 上만 가리키는 것일 수도 있다.

쪽문으로는 하인 및 죄인이 출입하는데, 선생이 아닌 각사 관원도 출입한다. 대문 밖에 망문 세 개가 있다. 정문은 관원이 출입하고, 서쪽의 쪽문은 하인이 출입하며, 동쪽의 쪽문은 죄인이 출입한다.

一. 雖輕囚所在處, 郎廳無得出入事.

4. 비록 경죄를 지은 죄수가 있는 곳일지라도 낭청은 출입할 수 없다.

一. 本府罪人所囚, 西一間, 通三間, 二間三間, 各通二間, 輕囚所在處. 南十八間, 東十四間, 重囚所在處.

5. 의금부에서 죄인이 갇히는 곳은 서쪽 제1칸은 세 칸을 합친 것이고 제2칸과 제3칸은 각각 두 칸을 합친 것인데, 가벼운 죄를 범한 자가 있는 곳이다. 남쪽 열여덟 칸과 동쪽 열네 칸은 중죄인[27]이 있는 곳이다.

一. 樓上庫所置文書, 卽逆獄推案日記謄錄冊. 推案則堂上備二員後, 主管開閉. 謄錄則入直郎廳, 專掌出入.

6. (부군당의) 2층에 둔 문서는 곧 역모사건 추안과 일기, 등록이다. 추안은 당상관이 2원 이상이 된 후에 주관하여 열어 보고 다시 보관한다. 등록은 본부 입직 낭청[28]이 전적으로 꺼내고 넣는 것을 관장한다.

---

25. 問事郎廳: 의금부에서 추국 또는 삼성추국을 할 때에 기록과 낭독을 맡았던 당하관. 의금부 구성원이 아닌 자로서, 사헌부·사간원·홍문관·예문관·승정원의 관원이 될 자격을 갖춘 사람 중에서 선정되었다. 문사낭청의 인원수 및 선정 절차에 관하여는 [設鞫] 참조.

26. 당상관의 본래 의미와는 달리, 여기서는 정3품 上만 가리키는 것으로 보인다.

27. 중죄인은 다음에서 보게 되는 推鞫이나 三省推鞫을 받게 되는 사람들, 즉 逆賊이나 綱常罪人을 가리키는 것으로 생각된다.

28. 의금부 낭청의 入直은 두 종류로, 의금부 본부에의 입직과 당직청에의 입직이다. 《金吾憲錄》에서 '當直'이라고 하면 '당직청 입직' 또는 '당직청에 입직하는 낭청'의 의미이나, '入直'이라고 하면 '본부 입직' 또는 '본부에 입직하는 낭청'의 의미인 경우도 있고 '當直'의 의미를 포함하는 경우도 있다. 문맥을 고려하여 '當直'의 의미를 포함하는 것으로 보이는 경우를 제외하고는, 원칙적으로 '入直'은 '본부 입직' 또는 '본부에 입직하는 낭청'의 의미로 쓰인 것으로 보고 번역하기로 한다.

三. 押拿

一. 凡罪人, 監[29]兵水使及犯逆綱常罪人, 則郎廳拿來. 堂上以上, 書吏拿來. 堂下以下, 羅將拿來. 六卿以上, 則郎廳拿押, 堂嘉善, 書吏拿押, 堂下, 羅將拿押. 若圍籬, 則勿論堂上堂下, 郎廳拿押事.[30]

1. 죄인으로서 관찰사, 병마·수군절도사 및 역적, 강상죄인[31]은 낭청이 잡아 온다. 당상관은 서리[32]가 잡아 온다. 당하관은 나장이 잡아 온다. 판서 이상은 낭청이 (유배지로) 압송하고, 당상관과 가선대부[33]는 서리가 압송하며, 당하관은 나장이 압송한다. 위리안치[34]에 해당하는 죄인이면, 당상·당하를 불문하고 낭청이 압송한다.

一. 罪人拿囚之際, 入直郎廳, 具公服坐衙, 羅將左右排立, 依例拿入. 親功臣堂嘉善外, 俱項鎖下獄. 重囚則俱枷杻足鎖下獄事.[35]

2. 죄인을 잡아 가둘 때에 본부 입직 낭청은 관복을 갖춰 입고 근무하며, 나장이 좌우로 줄지어 서서, 선례에 따라 잡아들인다. 친공신이나 당상관(과 가선대부) 외에는 모두 칼을 씌워 하옥한다. 중죄수는 모두 칼·수갑·족쇄를 채워서 하옥한다.

---

29. 원칙적으로는 '司'가 있어야 하나 '使'와 音이 같아 생략된 듯하다. 《六典條例》도 '司'가 없다.
30. 《六典條例》〈刑典〉 [義禁府/總例]: 凡罪人 監兵水使及犯逆綱常罪人 則郎廳拿來 六卿以上及圍籬罪人 勿論堂上堂下 郎廳拿押 堂上嘉善 書吏拿押 堂下 羅將拿押.
31. 綱常罪人: 기본적 윤리인 三綱과 五常을 훼손한 범죄를 강상죄라 하고, 강상죄를 범한 자를 강상죄인이라 한다. 의금부의 관할에 속하였던 강상죄의 범위는 시대에 따라 달라지는데, 조선 전기에는 형이나 백·숙부 등을 죽인 경우도 포함되었으나, 후기에는 자기 또는 남편의 직계존속을 죽인 죄, 남편을 죽인 죄, 私奴婢가 주인을 죽인 죄, 公奴婢가 관청의 長을 죽인 죄, 머슴이 家長을 죽인 죄에 한정되었다. 자세히는 졸고, 앞의 박사학위 논문 참조.
32. 書吏: 문서의 기록과 書冊의 관리 업무를 맡아보던 하급 京衙前. 《經國大典》에 의하면 경아전에는 상급의 錄事와 하급의 書吏가 있었는데, 후기에는 녹사를 없애고 서리만 두었다. 의금부에는 처음부터 녹사를 두지 않아서 22명의 서리만 있었다.
33. 당상관은 정3품 上만을 가리키는 것으로 보이고, 가선대부(종2품 下)는 가의대부(종2품 上)까지 포함하여 종2품 전체를 가리키는 것으로 보인다. 판서가 정2품이므로, 이렇게 해석해야 본 조문에서 모든 품계의 관원을 포괄하는 것이 된다.
34. 圍籬安置: 유배지에서 외부와 접촉하지 못하도록 가시로 울타리를 만들고 죄인을 그 안에 가두어 두던 일.
35. 《六典條例》〈刑典〉 [義禁府/開坐]: 罪人拿囚之際 入直郎廳 具公服坐衙 羅將左右排立 依例拿入 親功臣堂上及嘉善外 具項鎖下獄 重囚則具枷杻足鎖下獄.

四. 開坐

一. 本府坐起之日, 堂上遠望二次呼唱後, 郞廳以次序立祗迎, 罷坐時, 亦以次序立祗送. 而若首堂先入, 已行祗迎, 則次堂前勿行事.

1. 의금부의 집무일에는 당상관이 멀리서 다가오면서 (그의 구사가) 두 번 호창[36]하고, 그다음에 낭청이 서열에 따라 서서 맞이하고, 퇴청할 때에도 서열에 따라 서서 배웅한다. 그러나 판사가 먼저 들어와서 이미 맞이하였다면, 지사·동지사 앞에서는 하지 않는다.

一. 首堂上北壁, 知事東壁, 同知事西壁, 並交椅坐. 郞廳以次先進首堂上前揖, 東西壁同.

2. 판사는 북쪽, 지사는 동쪽, 동지사는 서쪽에 모두 교의[37]에 앉는다. 낭청은 서열에 따라 먼저 판사 앞에 나아가 읍하고, 지사·동지사에 대해서도 같다.

一. 開坐後, 書吏列立於虎頭閣跪拜, 而北壁東西壁, 各單拜. 羅將等, 列立於西庭跪拜事.

3. 업무 개시 후에 서리는 호두각에 줄지어 서서 무릎 꿇고 절하는데, 판사와 지사·동지사에게 각각 한 번 절한다. 나장들은 서쪽 뜰에 줄지어 서서 무릎 꿇고 절한다.

一. 醫律官拜於楹外.

4. 의관과 율관은 기둥 밖에서 인사한다.

一. 問事都事二員, 交代立於床東, 曹司立床西. 罪人捧招及讀傳旨事, 曹司皆當事.[38]

---

36. 呼唱: 조정 관원의 행차가 저잣거리를 지나갈 때 행차 앞에서 행차하는 관원의 관직을 크게 외쳐 사람들로 하여금 예를 표하게 하는 것.
37. 交椅: 집무 시에 당상관이 앉던 의자.
38. 《六典條例》〈刑典〉[義禁府/開坐]: 問事都事二員. 立於床東西. 罪人捧招及讀傳旨. 내용이 약간 다르다.

5. 문사도사[39]는 2원으로, 교대(交代)[40]가 상의 동쪽에 서고 조사(曹司)[41]가 상의 서쪽에 선다. 죄인의 진술을 받는 것과 교지를 읽는 것은 조사가 모두 담당한다.

一. 坐起時任事, 推諉於右位者, 論罰事.

6. 집무 시 담당업무를 선임자에게 떠넘기는 자는 논의하여 벌을 준다.

一. 本府新堂上出官時, 郎廳行堂參禮, 而諸郎廳, 序立虎頭閣後, 請謁再拜.

7. 의금부 신임 당상관이 출관(出官)[42]할 때에는 낭청이 당참례[43]를 행하는데, 여러 낭청이 호두각 뒤에 서열대로 서서 뵙기를 청하고 두 번 인사 드린다.

一. 凡議處照律, 則首堂上爲之, 禁推照律, 則次堂上爲之. 原情捧招及例刑, 則次堂上備二員爲之. 決杖則次堂上一員爲之.[44]

8. 무릇 의처[45]의 조율[46]은 판사가 하고, 금추[47]의 조율은 지사 또는 동지사가 한다. 원정[48]과 진술을 받는 것 및 선례대로 형신하는 것은 지사·동지사 중 2원이 한다. 장형의 집행은 지사·동지사 중 1원이 한다.

---

39. 問事都事: 추국과 삼성추국을 제외한 의금부 내 죄인신문절차에서 기록과 낭독을 맡았던 의금부 낭청.
40. 交代: 의금부의 수석도사가 담당한 역할. [完議] §4 참조.
41. 曹司: 관직이나 계급, 재능 등이 아래인 사람. 여기서는 면신을 하기 전의 의금부 낭청을 가리키는 것인 듯도 하다.
42. 出官: 낭청에게만 出官禮와 免新禮가 있고 당상관에게는 없다. 따라서 出官이 단순히 '첫 출근'을 의미하는 것일 수도 있고, 출관례는 없어도 출관의 기간은 정해져 있었던 것일 수도 있다. 낭청의 出官·免新에 관하여는 [許參] 참조.
43. 堂參禮: 새로 임명된 벼슬아치가 의정부 이하 각 직속상관에게 신임 인사를 드리는 예.
44. 《六典條例》〈刑典〉[義禁府/開坐]: 時囚原情捧招及例刑 又堂上及嘉善以下禁推時 只備次堂二員, 議處照律 則判堂與亞堂備員, 重臣禁推 則必與判堂備員, 口招則判堂亞堂備三員, 後開坐. 《육전조례》에는 重臣을 禁推할 때에 판사가 반드시 참여해야 한다고 하여, 금추를 받는 사람이 누구인지를 불문하고 판사의 참석을 요하지 않는 《금오헌록》과 다르다.
45. 議處: '相議處決'을 줄인 것으로, 임금이 신하들과 함께 논의하여 처리하는 것을 가리킨다.
46. 照律: 범죄사실에 대한 조사가 끝나고 자백을 받은 후의 절차로, 사건에 해당하는 법조문을 찾아서 죄인에게 적용함으로써 형벌을 정하는 것이다.
47. 禁推: '禁府推考(의금부에서 신문함)' 또는 '囚禁推考(가두어 두고 신문함)'를 줄인 것이다. 禁推에 관하여 자세히는 金鎭玉, 「'禁推'의 성격과 특징」, 『民族文化』 第36輯, 한국고전번역원, 2010 참조.
48. 原情: 고소인 또는 고발인의 진술.

一. 開坐時, 洞開大門及望門, 大路上, 禁雜人往來事.[49]

9. 업무를 개시할 때에는 대문 및 망문을 활짝 열고서 큰길에 잡인의 통행(왕래)을 금한다.

一. 決杖時, 曹司郎廳下直堂上前, 步出望門外, 交椅坐. 交代郎廳坐於堂上前, 劃杖數. 決杖於望門外大路上事.

10. 장형을 집행할 때에는 조사인 낭청이 당상관 앞에 가서 인사를 하고 걸어서 망문 밖으로 나가 교의에 앉는다. 교대인 낭청이 당상관의 앞에 앉아서 획을 그어 장의 수를 센다. 망문 밖의 큰길에서 장형을 집행한다.

一. 犯逆綱常罪人用刑時, 捧甘該司, 各備諸具後, 次堂上一員開坐. 出罪人, 典獄署官員, 主管押去, 本府曹司郎廳, 亦爲糾檢監刑事.[50]

11. 역적과 강상죄인에게 형신을 할 때에는 해당 관사에 감결[51]을 보내어 각각 여러 형구를 갖춘 후에 지사·동지사 중 1원이 업무를 개시한다. 죄인을 내보내는 것은 전옥서 관원이 압송을 주관한다. 의금부의 조사인 낭청도 규찰하고 형신을 감독한다.

一. 開坐後, 醫律官及本府書吏羅將典僕守直軍士外, 凡干雜人, 毋得出入事.

12. 업무를 개시한 후에 의관·율관 및 의금부 서리·나장·전복[52]·수직군사 외의 뭇 잡인은 출입하지 못한다.

一. 凡坐起, 國恤及自上避正殿時, 皆平坐事.

13. 집무에서 국상(國喪) 및 임금이 정전을 피할 때[53]에는 (교의에 앉지 않고) 전

---

49. 《六典條例》〈刑典〉[義禁府/開坐]: 開坐時 洞開大門及望門 大路上 禁雜人往來事.

50. 《六典條例》〈刑典〉[義禁府/鞫]: 犯逆綱常罪人行刑時 捧甘各該司 各備諸具後 次堂上一員開坐 出罪人 典獄署官員主管押去本府曹司郎廳亦爲糾檢監刑.

51. 甘結: 상급 관아에서 하급 관아에 보내는 공문. 원문의 '捧甘'은 '捧入甘結'의 준말이다.

52. 典僕: 조선시대 각사에 딸려 음식을 만들거나 수직 혹은 건물을 짓는 등의 잡역을 맡아 하는 노복.

53. 임금이 정전을 피함: 나라에 재해가 있거나 흉년이 들어 근신하는 의미에서 임금이 정전 아닌 곳에서 정무를 살피고 반찬의 가짓수를 줄이던 일.

원 바닥에 앉는다.

一. 推鞫訊杖, 廣九分厚四分. 三省訊杖, 廣八分厚三分. 本府訊杖, 廣七分厚二分.[54]

14. 추국[55]에 쓰는 신장[56]은 너비가 9푼[약 2.3cm]이고 두께가 4푼[약 1.0cm]이다. 삼성추국[57]에 쓰는 신장은 너비가 8푼[약 2.0cm]이고 두께가 3푼[약 7.6mm]이다. 의금부의 신장은 너비가 7푼[약 1.8cm]이고 두께가 2푼[약 5mm]이다.

五. 設鞫

一. 三省推鞫時, 委官主壁, 判事東壁, 知事以下皆西壁, 皆交椅. 判事, 委官前進前相揖, 知事同知事, 亦次次進前相揖, 仍爲開坐. 問事郎廳二員, 請謁進前, 揖于委官前, 仍揖于東西壁. 本府郎廳, 亦如之. 然後, 兩司請坐入來. 嘉善直來進前, 相揖如右, 西壁. 堂上, 則隱身請謁, 相揖南行坐. 堂下, 則序立請謁, 相揖南行坐. 承旨, 入來進前, 相揖西壁. 罪人捧招等事, 一如本府坐起例, 而推案往來, 承旨專管.[58]

1. 삼성추국을 할 때에는 위관[59]이 북쪽, 판사가 동쪽, 지사 이하는 모두 서쪽이

---

54. 《續大典》〈刑典〉[推斷]: 凡推鞫訊杖, 廣九分·厚四分, 三省則廣八分·厚三分<用營造尺>; 《六典條例》〈刑典〉[義禁府/鞫]: 推鞫訊杖 廣九分厚四分 三省訊杖 廣八分厚三分 本府訊杖 廣七分厚二分.

55. 推鞫: 역모사건에 대한 재판절차. 조선시대에는 시간의 흐름에 따라 推鞫의 의미가 달라졌다. 이에 관하여 자세히는 졸고, 「추국의 의미 변화와 분류」, 『法史學硏究』 제48호, 韓國法史學會, 2013 참조. 推鞫의 종류에 따른 참여인원과 절차에 관하여 자세히는 졸고, 앞의 박사학위논문 참조(이 논문에서는 推鞫을 '國王主宰推鞫'이란 용어로 대체하였음).

56. 訊杖: 고문을 위한 도구. 형벌의 집행에 사용한 笞나 杖과 같이 볼기를 치는 도구였으나, 그 규격은 笞·杖과 달랐다. 신장 규격의 변화에 관하여는 졸고, 앞의 박사학위논문, 254-255면 및 311-312면 참조.

57. 三省推鞫: 사헌부·사간원의 관원 및 정승이 의금부에 모여 의금부 당상관들과 합동으로 행한 강상죄인에 대한 형사재판절차. 三省推鞫의 참여인원과 절차에 관하여 자세히는 졸고, 앞의 박사학위논문 참조(이 논문에서는 三省推鞫을 '三省交坐推鞫'이란 용어로 대체하였음).

58. 《六典條例》〈刑典〉[義禁府/鞫]: 省鞫 竝同推鞫 而但委官一員·問郎二員啓差 開坐.

59. 委官: 여러 가지 의미가 있으나, 여기서는 推鞫 또는 三省推鞫에 참여한 정승을 가리킨다. 추국에는 전·현직 정승 전원이, 삼성추국에는 현직 정승 중 1인이 위관으로서 참여하였다.

며, 모두 교의에 앉는다. 판사가 위관을 마주하여 앞으로 나아가 서로 읍을 하고, 지사와 동지사도 차례대로 앞으로 나아가 서로 읍을 한 다음, 업무를 개시한다. 문사낭청 2원이 뵙기를 청하고 앞으로 나아가 위관 앞에서 읍을 하고, 판사 앞, 지사 이하 앞에서도 읍을 한다. 의금부의 낭청도 이와 같이 한다. 그런 뒤에 사헌부·사간원의 관원에게 들어와 앉을 것을 청한다. 가선대부는 바로 와서 앞으로 나아가 위와 같이 서로 읍을 하고 서쪽에 앉는다. 당상관은 몸을 숨긴 채로 뵙기를 청하고, 서로 읍을 하고 남쪽에 앉는다. 당하관은 서열대로 서서 뵙기를 청하고, 서로 읍을 하고 남쪽에 앉는다. 승지는 들어와서 앞으로 나아가 서로 읍을 하고 서쪽에 앉는다. 죄인의 진술을 받는 등의 일은 모두 의금부의 좌기하는 법례[60]와 같고, 추안[61]의 왕래는 승지가 오로지 담당한다.

一. **逆獄本府開坐, 則三公原任, 皆參而平坐. 判事以下, 皆進前拜, 本府郎廳, 則楹外拜. 無東西壁禮數. 問事郎廳四員, 本府亦出別刑房二員文書色二員. 推問之擧, 別無異同. 推案文書, 則承旨以密匣出入. 凡事, 本府主管.**[62]

2. 역모사건을 의금부에서 업무 개시할 (때에는)[63] 3정승과 전직 정승이 모두 참석하여 나란히 앉는다. 판사 이하(=의금부 당상관)는 모두 앞으로 나아가 인사를 드리고, 의금부 낭청은 기둥 밖에서 인사를 드린다. 동쪽과 서쪽에의 의례 절차는 없다. 문사낭청은 4원이고, 의금부에서도 별형방[64] 2원과 문서빗 2원을 차출한다. 추문(推問)하는 절차는 (삼성추국과) 같고 다른 것이 따로 없다. 추안 문서는 승지가 밀갑에 넣어서 내고 들인다. 일반 사무는 의금부에서 주

---

60. '의금부의 坐起하는 법례'는 [開坐] 참조.
61. 이 추안은 지방 監營 또는 刑曹에서 조사한 추안이다. 삼성추국은 이미 조사가 끝나고 죄인의 자백까지 받은 사건에서 오직 結案—죄인의 인적 사항과 범죄사실을 기록하여 죄인의 서명을 받음으로써 사건을 끝내는 절차—을 목적으로 연다. 자세히는 졸고, 앞의 박사학위논문, 314－318면 참조.
62. 《六典條例》〈刑典〉[義禁府/鞫]: 推鞫並同庭鞫節次 而但問郎四員啓差 文書浩繁加差 三公原任皆主壁坐 判事東壁坐 知事以下及承旨皆西壁坐 司在廳南分東西向北坐 本府郎廳並楹外拜 而無東西壁禮數 問事郎廳進揖于委官 仍揖于東西壁後 詣問事床邊分坐 凡事本府主管 推案櫃則委官前齊進封鎖後史官入啓.
63. 졸고, 앞의 박사학위논문에서 '禁府推鞫'이라 칭한 절차다.
64. 別刑房: 추국 또는 삼성추국에서 일정한 업무를 담당하였던 의금부 낭청. 별형방의 업무에 관하여는 졸고, 앞의 박사학위논문, 251－252면 참조.

관한다.

一. 闕庭推鞫時, 相位東壁, 判事以下西壁. 相位前, 進前跪拜後, 並西壁. 其次承旨臺官, 其次問事郎廳, 其次別刑房文書色. 而禮數, 一如本府例. 凡事, 政院主管, 文書, 則承傳色以密匣出入.[65]

3. 궐정추국[66]을 할 때에는 정승이 동쪽, 판사 이하가 서쪽에 위치한다. (판사 이하는) 정승을 마주하여 앞으로 나아가 절한 후에 모두 서쪽에 위치한다. 그다음은 승지와 사헌부 관원, 그다음은 문사낭청, 그다음은 별형방과 문서빗이다. 의례 절차는 모두 의금부의 예와 같다. 일반 사무는 승정원에서 주관하고, 문서는 승전빗이 밀갑에 넣어서 내고 들인다.

一. 凡鞫獄時, 假都事某員, 自本府, 預先草記啓下事.[67]

4. 국옥을 할 때에는 가도사 몇 원을 의금부에서 미리 초기(草記)[68]로 아뢰어 재가를 받는다.

一. 親鞫時, 別刑房二員, 文書色二員, 守幕一員, 上經歷詣首堂上前, 一從下口傳劃出. 而當次之員出使, 未出代之前, 則亦爲泝次以行事.[69]

5. 친국[70]을 할 때의 별형방 2원, 문서빗 2원, 수막(守幕)[71] 1원은 상경력[72]이 판

---

65. 《六典條例》〈刑典〉[義禁府/鞫]: 庭鞫節次並同親鞫 而無宮城扈衛之節 但問郎六員啓差 委官東壁坐 判事以下並西壁坐 問郎補階上分東西坐 凡事本府主管 而開坐時都事及刑吏擧行於補階上 推案櫃自鞫廳進委官前封鎖後招司謁入啓.

66. 闕庭推鞫: 대궐에서 행하는 推鞫으로, 줄여서 庭鞫이라고도 한다. 참여인원 및 절차에 관하여는 졸고, 앞의 박사학위논문 참조.

67. 《六典條例》〈刑典〉[義禁府/鞫]: 假都事十員差出 … 之事 自本府啓請.

68. 草記: 정무상 중대하지 않은 사항을 그 내용만 간단히 적어 임금에게 올리는 것. 또는 그러한 문서. 《典律通補》에 서식이 있다.

69. 《六典條例》〈刑典〉[義禁府/鞫]: ○文書色都事二員·別刑房都事二員·罪人押上都事·守幕都事 並禮吏進判堂前劃出 ○榻前擧行 推考房承旨 帳前擧行 判義禁 堂下擧行 問郎及別刑房文書色都事 … ○時原任大臣東壁跪坐 判義禁以下並西壁跪坐 羅卒呼入之意 刑房都事告于判堂 判堂傳于刑房承旨 刑房承旨入稟後刑房都事跪告羅卒呼入 羅卒自布帳外奔入列立東西後.

70. 親鞫: 임금이 전·현직 정승, 6승지, 臺諫 전원, 의금부 당상관 등을 참여시켜 직접 행하는 推鞫. 참여인원 및 절차에 관하여는 졸고, 앞의 박사학위논문 참조(이 논문에서는 親鞫을 '親臨推鞫'이란 용어로 대체하였음).

71. 守幕: 명칭으로 미루어, 죄인이 대기하는 곳에 막을 쳐 놓고 그 막 앞에서 지키는 일을 담당한 의금부 낭청

사 앞에 가서 한결같이 임명된 순서[73]에 따라 획출(劃出)[74]한다. 차례가 된 사람이 출장 가는데 아직 그 대리자를 뽑기 전이면, 또 차례를 거슬러서 행한다.

一. 問事郎廳啓下事, 上經歷稟于大臣前擧行事.[75]

6. 문사낭청(의 임명)을 아뢰어 재가받는 일은 상경력이 정승 앞에서 아뢰어 거행한다.

一. 別刑房文書色書吏各二人式, 上經歷劃出事.

7. 별형방·문서빗의 서리 각 2인은 상경력이 획출한다.

一. 鞫獄時, 府中凡事, 入直當之, 闕中凡事, 當直當之.

8. 국옥을 할 때에 의금부의 일반 사무는 본부 입직 낭청이 담당하며, 대궐의 일반 사무는 당직청 입직 낭청이 담당한다.

一. 親鞫時罪人押領上下之役, 則別刑房文書色守幕五員外, 一從口傳擧行, 而不許臨時變易取便事.

9. 친국을 할 때에 죄인을 (대궐로) 압송하는 역(役)은 별형방·문서빗·수막의 5원 외에 한결같이 임명된 순서에 따라 거행하고, 임시변통으로 바꾸어 편리함을 취하는 것은 허락하지 아니한다.

一. 鞫廳時羅卒檢飭等事, 上下兵房主管, 而下兵房專當事.

10. 국청을 열 때에 나졸을 검칙하는 등의 일은 상병방(上兵房)과 하병방(下兵房)[76]이 주관하되, 하병방이 전담한다.

으로 생각된다.

72. 上經歷: 의금부 낭청의 首長. [封崇] 참조.

73. [追錄] §8에 따르면, 이 순서는 가장 먼저 임명된 낭청부터가 아니라, 반대로 가장 나중에 임명된 낭청부터다.

74. 劃出: 획을 그음으로써 차출을 표시하고 차출한다는 의미로 생각된다.

75. 《六典條例》〈刑典〉[義禁府/鞫]: 問事郎廳八員望 本府首都事 持侍從案 詣委官前 書望記入啓 批下後 若有未付軍職人 則草記付軍職 或稱病不進 則自政院直捧禁推傳旨 或在外有頉 則詣委官前更爲草記變通 <文書若浩繁則委官草記加差下>.

一. 重囚朝夕及無時所食之物, 入直郎廳, 必自看審器皿, 出給之際亦然.

11. 중죄인의 아침저녁과 때때로 먹는 음식은 본부 입직 낭청이 반드시 직접 그릇을 조사하며, 내줄 때에도 그러하다.

一. 鞫獄時或有實郎廳出使之役, 則勿論守幕直, 以曹司差送事.

12. 국옥을 할 때에 혹 실낭청[77]이 출장 가는 경우에는, 수막인지를 불문하고 조사를 차출해서 보낸다.

一. 鞫獄時, 大臣前, 或有史官批答傳諭事, 則來時由內外大門正路而入, 去時則東挾出, 若有復命, 則自正門正路出事.

13. 국옥을 할 때에 정승 앞에서 만약 사관이 비답[78]이나 유지[79]를 전할 일이 있으면, 올 때에는 내외 대문의 정로(正路)로 들어오며, 갈 때에는 동쪽의 쪽문으로 내보내는데, 만약 복명[80]할 때에는 정문의 정로로 보낸다.

一. 本府郎廳, 或有奉承傳敎來傳於本府之事, 則入自正門, 出自西挾事.

14. 의금부의 낭청이 만약 전교(傳敎)를 받아 의금부에 와서 전할 일이 있으면, 정문으로 들어와서 서쪽 쪽문으로 나간다.

一. 鞫獄時差備出使當次之員, 或有厭避推諉之事, 則卽稟于堂上前, 草記拿處, 斷不饒貸事.

15. 국옥을 할 때에 수행원으로 출장 갈 차례가 된 사람이 만약 꺼려서 회피하려고 떠넘기는 일이 있으면 즉시 당상관 앞에서 아뢰어 초기하여 나처(拿處)하

76. 上兵房과 下兵房: 의금부 나장들을 관리하는 낭청([差任] §6 및 [設鞫] §10 참조). 수석도사가 상병방, 曹司가 하병방을 겸한다([差任] §3 참조).

77. 實郎廳: 국옥을 할 때에는 잡아 올 사람이 많고 별형방·문서빗 등이 필요하여 의금부 낭청 10명으로는 부족하기 때문에 假都事를 임명하였다. 가도사는 假郎廳 또는 假郎이라고도 불렸으며, 원래부터 의금부 낭청인 10명은 實都事 또는 實郎廳이라고 불렀다.

78. 批答: 상소에 대한 임금의 대답.

79. 諭旨: 임금이 신하에게 내리던 글.

80. 復命: 명령을 받고 일을 처리한 사람이 그 결과를 보고함.

며, 결단코 (너그러이) 용서하지 않는다.

一. 本府有月令一人律官一人. 若有鞫獄, 則自兩醫司·治腫廳, 別定救療官各一人, 輪回守直事.

16. 의금부에 월령의원[81] 1인과 율관[82] 1인이 있다. 국옥이 있으면 혜민서·활인서와 치종청[83]에서 따로 구료관(救療官) 각 1인을 정하여 돌아가면서 수직(守直)한다.

六. 頃稟

一. 宗廟五享大祭前一日及正日. 奉審日. 陵上改莎草時. 移還安間及有告火時. 社稷大祭二日. 國忌二日. 日月食日. 大祭親祭, 齋戒三日, 攝行二日. 各殿誕日. 無時別祭. 迎勅拜表. 方物封裹. 望闕禮習儀. 陳賀. 庭試殿試殿講放榜. 罪人用刑日. 停朝市日. 祈雨祈晴祭齋日. 以上頃稟<大祭時, 若親臨誓戒, 則自其日頃稟>.[84]

1. 종묘 오향대제[85] 전날과 당일. 봉심[86]하는 날. 능 위에 떼를 입힐 때. (위패를) 옮겼다가 다시 봉안하는 동안 및 화재신고가 있을 때. 사직대제를 지내는 이틀[87]. 국기일[88]의 이틀. 일식·월식이 있는 날. 대제를 임금이 몸소 지내는

---

81. 月令醫: 의금부에 소속된 醫官.
82. 의금부의 율관은 율학겸교수 중에서 차출하였다. 《六典條例》〈刑典〉[義禁府]: 檢律<一人, 律學兼教授分差>.
83. 治腫廳: 종기 등 외과의 질병을 치료하는 전의감의 한 분청.
84. 《經國大典》〈刑典〉[禁刑日]: 京外各衙門 每遇大殿·王妃誕日 王世子生辰 大祭祀及致齋 朔望·上下弦 停朝市日 勿行拷訊決罰<大殿誕日 則幷前後各一日> 上項各日及二十四氣 雨未晴·夜未明, 勿行死刑; 《續大典》〈刑典〉[禁刑日]: 罪人行刑 除大祭齋戒日 中祀以下 非親行齋戒日則勿拘<大祀·中祀齋戒, 詳見禮典>; 《六典條例》〈刑典〉[刑曹/禁刑]: 宗廟社稷大祭齋戒日 殿座日 大殿誕日前後各一日 王妃誕日王世子生辰日 親祭齋戒日及正日 動駕日 祈雨齋戒日 受針前後各一日 日月食日 上前開坼日 諸科殿試龍虎榜開場日 罪人行刑日 以上不得開坐.
85. 五享大祭: 정월 초하루, 한식, 단오, 추석, 동지에 종묘에서 드리는 국가의 큰 제사.
86. 奉審: 왕명을 받들어 능이나 종묘를 보살핌.
87. 이틀: 전날과 당일. 이하 같다.

경우 재계[89]하면 사흘이며 섭행(攝行)하면 이틀. 각 전[90]의 탄신일. 부정기 별제(別祭). 황제의 칙서를 받거나 표문[91]을 올리는 날. 방물[92]을 보자기에 싸서 봉하는 날. 망궐례(望闕禮)의 의식을 연습하는 날. 진하[93]하는 날. 정시[94]·전시[95]·전강[96]의 합격자 명단을 붙이는 날. 죄인에게 사형을 집행하는 날. 조정 업무와 시장 장사를 멈추는 날. 기우제·기청제를 지냄에 재계하는 날. 이상은 업무를 보지 아니한다 <대제를 지낼 때에 임금이 몸소 나와서 재계하면 그날부터 업무를 보지 아니함>.

一. **除視事頉稟外, 受香及享祀日罷齋後, 雖不用刑杖, 依弦望晦朔例, 並令開坐事.**[97]

2. 업무를 볼 수 없는 날 외에, 수향[98]하는 날 및 향사[99]하는 날 재[100]를 파한 후에는 비록 형장(刑杖)을 쓰지는 못하지만, 반달이 뜨는 날과 보름·그믐·초하루의 규례에 의하여 모두 업무를 보도록 한다.

---

88. 國忌日: 역대 임금과 왕비의 제사일.
89. 齋戒: 제사를 지내기 위하여 마음과 몸을 깨끗이 하고 不淨한 일을 멀리함.
90. 各殿: 임금과 왕비 및 여러 대비.
91. 表文: 황제에게 올리는 글. 이에 대하여 황태자나 조선의 왕에게 올리는 글은 '箋文'이라고 하였다.
92. 方物: 중국의 황제에게 진상하던 특산물.
93. 陳賀: 나라에 경사가 있을 때에 百官이 임금에게 축하를 올리던 일.
94. 庭試: 나라에 경사가 있을 때에 대궐 안에서 시행하던 과거.
95. 殿試: 문과 또는 무과의 覆試를 통과하여 합격이 결정된 이들(式年試의 경우 문과는 33명, 무과는 28명임)의 등수를 결정하기 위한 시험. 대궐 안에서 임금이 직접 시행하였다.
96. 殿講: 조선 成宗 때부터 경학의 쇠퇴를 막기 위하여 시작한 시험. 성균관 유생과 학식이 많은 사람을 모아 삼경이나 오경 중에서 講을 임금이 친히 받았는데, 후에는 생원·진사도 참여하였다.
97. 《六典條例》〈刑典〉[刑曹/禁刑]: 宗廟社稷大祭行日 釋奠祭日 忌齋正日 祈雪禜祭日 各陵名日·祭日 宗廟以下諸處先告事由祭受香日 風雲雷雨·山川雩祀·先農先蠶祭日 各陵殿移安還安祭日 陳賀日 報謝祭日 停朝市日 侍藥廳批設時 以上開坐不用刑. 《육전조례》에 開坐하되 用刑할 수 있는 날로 규정된 各陵殿移安還安祭日·陳賀日·停朝市日 등이 《금오헌록》에는 開坐조차 할 수 없는 날로 규정되어 있다. 형조와 의금부의 차이로 해석된다.
98. 受香: 祭官이 제사 지내는 곳으로 가기에 앞서 임금에게서 향과 祭文을 받던 일.
99. 享祀: 제사를 지내는 것.
100. 齋: 명복을 비는 불공.

七. 出使

一. 郎廳奉命出使, 則序立於二品之上.[101]

1. 낭청이 왕명을 받들어 지방으로 가면, 서열상 2품의 위에 선다.

一. 鞫獄出使, 一從口傳差送事.

2. 국옥에서 출장 가는 것은 모두 임명된 순서에 따라 차출하여 보낸다.

一. 鞫獄出使, 一從口傳差送, 自是流來不易之古規. 故中間有兩次劃出者, 而以越次違規, 至於不仕拿處之境, 而終不替往概永久遵行之規, 不可一朝壞損故也. 自今以後, 一依舊例, 從口傳差送, 勿爲劃出事, 稟于堂上前定式施行事.

3. '국옥에서 출장 가는 것을 모두 임명된 순서에 따라 차출하여 보내는 것'은 원래 '전해지어 바꾸지 못하는 옛 규범'이 되었다. 그렇기 때문에, 중간에 두 차례 지명해서 보낸 경우가 있었는데 임명 순서를 건너뛴 규정 위반이라며 근무하지 않아 잡아 징계하는 지경에 이르렀으나, 마침내 예전에 영구히 지켜 온 규정을 바꾸지 못하였으니, 하루아침에 (옛 규정을) 허물어뜨릴 수 없기 때문이다. 지금부터는 한결같이 구례(舊例)에 따라 임명된 순서에 따라 차출하여 보내며, 지명해서 보내지 아니하는 것으로 당상관 앞에 아뢰어 정식(定式)으로 삼아 시행한다.

一. 鞫廳出使, 從口傳當其苦歇遠近, 明有定式. 而近來或有下位而取便者, 亦有右位而赴遠者. 殊無法意, 旣往已矣. 從今以往, 雖在蒼黃急遽之際, 出使司員, 亦必據完議爭執事.

4. 국청에서 출장 가는 것은 임명된 순서에 따라 그 힘든 정도와 거리에 맞춰서 명백히 정식이 있다. 그런데 근래 간혹 지위가 낮으면서 편함을 취하는 자가 있고, 지위가 높으면서 멀리 떠나는 자도 있다. 달리 법의 뜻이 없으니 이미

---

101. 《六典條例》〈刑典〉[義禁府/總例]: 若奉命出使則序立於二品之上.

지난 일일 뿐이다. 지금부터는 비록 바쁘고 급작스러운 때일지라도, 출장 가는 낭청은 또한 반드시 완의(完議)에 근거하여 다투도록 한다.

八. 侍衛

一. 城外擧動, 導駕二員, 考喧二員, 城內, 導駕二員, 考喧二員. 挾輦二員, 駕後二員, 假[102]當直一員, 本府入直一員事.[103]

1. 성 밖으로 거둥할 때에는 도가[104]가 2원이고 고훤[105]이 2원이며, 성 안에서(도) 도가가 2원이고, 고훤이 2원이다. 협련[106]이 2원, 가후[107]가 2원, 당직청 입직 낭청 1원, 본부 입직 낭청 1원이다.[108]

一. 城內諸侍衛, 黑團領佩劍. 城外隨駕四員, 紅衣羽笠佩劍弓矢. 餘外諸員, 俱以戎服迎送, 而回鑾前, 直宿本府事.

2. 성 내에서의 여러 수행에는 흑단령[109]을 입고 칼을 찬다. 성외에서 거둥을 수행하는 4원은 홍의(紅衣)를 입고 우립[110]을 쓰고 칼을 차고 활과 화살통을 맨다. 나머지 여러 인원은 모두 융복[111]을 입고서 마중 및 배웅을 하며, 거둥 행

---

102. '假'는 衍字다. 《承政院日記》에 이 규정과 관련된 기사가 다수 보이는데, 모두 '當直'으로 되어 있을 뿐이다.
103. 《六典條例》〈刑典〉[義禁府/總例]: 城外擧動 淸道二員 考喧二員 城內 淸道二員 考喧二員 挾輦二員 駕後二員 假當直一員 左右考喧羅將二十名 淸道羅將五名.
104. 導駕: 임금이 거둥할 때에 길을 쓸고 黃土를 깔던 일. 여기서는 그러한 일을 감독하는 의금부 낭청을 가리킨다.
105. 考喧: 임금이나 왕비가 거둥할 때 잡인들이 시끄럽게 떠드는 것을 살피어 금하는 일을 맡은 벼슬아치.
106. 挾輦: 임금의 가마를 호위하는 일. 또는 그러한 일을 하는 사람.
107. 駕後: 임금이 거둥할 때에 뒤를 따르는 시위병. 여기서는 그들을 감독하는 의금부 낭청을 가리킨다.
108. 의금부 낭청 10員 중 8원이 거둥에 따라가고 2원이 본부 및 당직청에 입직하므로, 낭청 중 출장 또는 휴가 중인 자가 있으면 인원이 부족하게 된다. 한편 세자나 왕비 또는 대비가 거둥 행렬에 낀 경우 1인당 고훤 2원이 추가로 필요하다. 이 경우에는 假郎廳(=假都事)을 필요한 인원만큼 차출하였다. 《承政院日記》 인조 9년(1631) 5월 4일⑨; 인조 15년(1637) 11월 3일⑨; 효종 2년(1651) 9월 3일⑥; 현종 3년(1662) 2월 9일(계축)③; 현종 10년(1669) 3월 12일⑲ 등 참조. 《의금부등록》에도 이와 관련된 기사가 다수 보인다.
109. 黑團領: 깃을 둥글게 만든 검은색 官服.
110. 羽笠: 깃털 꽂은 모자.

렬이 돌아오기 전까지 의금부에서 직숙(直宿)한다.

一. 陵幸遠近, 依兵曹啓下節目, 本府郎導駕考喧各二員陪從, 是古規. 近創謬規, 近陵則依數盡去, 遠陵導駕, 或以一員擧行, 事體未安, 莫此爲甚. 自今, 依古規, 毋論遠近, 導駕考喧各二員, 永爲定式事.

3. 멀고 가까운 능에 거둥할 때에는 병조에서 아뢰어 재가를 받은 절목에 따라 의금부 낭청이 도가·고훤 각 2원으로 배종(陪從)하는 것이 옛 규정이다. 근래에 잘못된 관례를 만들어서, 가까운 능에는 수에 맞게 다 가지만, 먼 능에는 도가가 간혹 1원으로 수행하기도 하니, 사리와 체면을 생각할 때 마음이 편치 못함이 이보다 심할 수가 없다. 지금부터는 옛 규정에 따라 거리를 불문하고 도가·고훤 각 2원이 수행하는 것을 영구히 정식으로 한다.

一. 侍衛時, 或有上言擊錚及雜人犯路之事, 則本府責當部出付事.[112]

4. 수행할 때에 혹여 상언·격쟁 및 잡인이 길을 범하는 일이 있으면 의금부에서 해당 부[113]에 책임을 지워서 내보낸다.

一. 十員中一員, 或値在外, 則草記變通, 或値奉命, 則草記相換事.[114]

5. 10원 중 1원이 혹여 지방에 있으면 초기하여 변통하고, 혹여 명을 받들어 (다른 일을) 수행 중이면 초기하여 서로 바꾼다.

---

111. 戎服: 철릭과 朱笠(붉은칠을 한 갓)으로 된 옛 군복의 하나. 文臣도 참전할 때나 임금을 호종할 때에 입었다. 戎衣.

112. 《六典條例》〈刑典〉[義禁府/總例]: 侍衛時 或有上言擊錚及雜人犯路之事 則本府責當部出付.

113. 部: 수도 漢城을 구획한 東部·南部·中部·西部·北部를 가리킨다.

114. 《六典條例》〈刑典〉[義禁府/總例]: 本府都事十員中 或値在外 則草記變通 或値奉命 則草記相換.

九. 進排

一. 推鞫則鞫廳凡干所用之物, 各該司進排. 三省推鞫 同事.

1. 추국에는 국청에서 쓰는 물건들을 각 해당 관사[115]에서 바친다. 삼성추국도 같다.

一. 本府所用啓目紙四卷, 公事下白紙二十卷, 自長興庫, 逐朔進排, 四堂上及入直郎廳當直郎廳所用筆墨, 問事筆墨, 自工曹逐朔進排事.

2. 의금부에서 쓰는 계목[116] 용지 4권[117]과 공사에 쓰는 백지 20권은 장흥고[118]에서 매월 바치고, 네 당상관[119] 및 본부와 당직청에 입직하는 낭청이 쓰는 붓과 먹, 문사낭청이 쓰는 붓과 먹은 공조에서 매월 바친다.

一. 本府所用柴炭, 其人進排, 燈油三升, 義盈庫逐朔進排, 訊笞杖貢物進排事.

3. 의금부에서 쓰는 땔감과 숯은 기인(其人)이 바치고, 등유 석 되는 의영고[120]에서 매월 바치며, 신장·태·장은 공물(貢物)로 마련한다.

一. 本府囚人地排空石, 豊儲倉廣興倉軍資監, 逐朔進排, 三冬獄巢六同, 司僕進排事.

4. 의금부에 갇힌 사람이 깔 빈 가마니는 풍저창[121]·광홍창[122]·군자감[123]에서 매월 바치고, 겨울철 석 달의 옥소[124] 6동[125]은 사복시[126]에서 바친다.

---

115. 해당 관사: 졸고, 앞의 박사학위논문, 139−144면 참조.
116. 啓目: 중앙 관아에서 임금에게 올리던 문서 양식의 하나로, 작은 일을 보고할 때에 썼다. 큰일을 보고할 때에는 啓本을 사용하였다.
117. 卷: 종이를 세는 단위. 20장이 1권이다.
118. 長興庫: 돗자리·종이·기름종이 등의 관리 및 궐내의 여러 관청에서 쓰는 물품의 공급에 관한 일을 맡은 관청으로 호조에 속한다. 태조 원년(1392)에 고려의 제도를 답습하여 설치하고 고종 31년(1894)에 폐지하였다.
119. 판사·지사·동지사를 가리킨다.
120. 義盈庫: 궁중에서 쓰는 기름·꿀·과일·밀랍·후추·채소 등 물품의 출납을 맡아보던 관서다.
121. 豊儲倉: 궁중에서 쓰는 쌀·콩·자리·종이 등을 맡아보던 호조 소속 관아다.
122. 廣興倉: 호조에 딸린 관청으로 벼슬아치의 봉급을 맡아서 관리하였다.
123. 軍資監: 군수품의 비축·출납에 관한 사무를 맡아보던 관아다.
124. 獄巢: 겨울에 寒氣를 막기 위해 특별히 바닥에 까는 볏짚.
125. 同: 100단이 1동이다.
126. 司僕寺: 궁중의 가마나 말에 관한 일을 맡아보던 관청이다.

一. 鞫獄犯夜, 則炬燭義盈庫其人進排. 本府坐起, 則工房擔當修掃, 則府內洞內當直修掃, 則備邊司契劃給事.

5. 국옥을 하다가 밤이 되면 횃불과 촛불을 의영고의 기인이 바친다. 의금부에서 근무할 때에는 공방(工房)에서 쓸고 닦는 것을 담당한다. 의금부 내와 洞內와 당직청을 쓸고 닦는 사람은 비변사에서 서계(書契)로 획급[127]한다.

一. 本府官舍獄間墻垣頹圮處, 捧甘營繕, 這這修補事.

6. 의금부 관사와 옥 안과 담장이 무너진 곳은 감결을 받들어 수선하는데, 낱낱이 보수한다.

一. 罪人藥物, 典醫監進排, 罪人飮食供饋等事, 各該司進排. 省鞫罪人, 則該邑京主人進排事.

7. 죄인의 약품은 전의감에서 바치고, 죄인의 음식 등 공궤(供饋)는 각 해당 관사[128]에서 바친다. 삼성추국을 하는 죄인에 대하여는 해당 고을의 경주인[129]이 바친다.

十. 封崇

一. 上經歷封崇之規, 或有以資級爲之之時, 或有以圈點爲之之時, 中間之從口傳者, 未知創在何時也. 第念上經歷, 乃一府中郎僚之首席, 其事體之尊重, 爲如何哉. 而只以資級口傳爲之者, 殊無重事體之意, 自今一依廳憲中所載圈點之古規爲之事. [壬子完議]

1. 상경력으로 봉숭(封崇)하는 규정은 자급으로 하던 때도 있고 권점[130]으로 하

127. 劃給: 주어야 할 것을 한 번에 다 주지 않고 나눠 줌.

128. 해당 관사: 졸고, 앞의 박사학위논문, 146면 참조.

129. 京主人: 서울에 머무르면서 지방 관청의 사무를 연락하고 대행하던 사람. 京邸吏.

던 때도 있었는데, 중간에 임명 순서에 따른 것은 언제부터인지 모르겠다. 다만 상경력에 대해 생각해 보면 한 관아[府]에서 낭청들의 수석이니, 그 사리와 체면을 어떻게 존중해야 하겠는가? 그런데 다만 자급과 임명된 순서로 하는 것은 사리와 체면을 중시하는 뜻이 별로 없으니, 지금부터는 일률적으로 청헌(廳憲)에 실린 '권점(으로 하는) 옛 규정'에 따라 봉숭한다. [임자년(1732년)의 완의]

一. 經歷中已免新者, 列書于紙, 置于屛內案上後, 未免新參上及參下五員, 盡爲圈點, 而一人式入圈事. [壬子完議]

2. 경력들 중에서 이미 면신(免新)[131]한 자를 종이에 차례대로 써서 병풍 뒤 책상 위에 놓은 뒤에, 아직 면신을 하지 않은 참상관 및 참하관 5원[132]이 모두 권점하는데, 1인씩 들어가서 권점한다. [임자년(1732년)의 완의]

一. 尊號頒赦賀箋等戱謔之事, 未知創自何時, 而至今遵行事.

3. 존호[133]를 올리거나 사면(赦免)을 하거나 하례(賀禮)하는 전문(箋文)을 올리는 때 등에 장난치는 일은 언제부터인지 모르겠으나, 지금까지 준행하고 있다.

一. 上經歷, 卽郎席之長也, 專檢一司, 不可暫曠. 故廳中古例, 上經歷, 如有遞易之事, 而東壁中, 無以次例陞之員, 則新位中當陞之員, 出官則依例爲之, 而當其免新之期, 計除十日. 許以免新仍爲上經歷封崇. 而上經歷未封崇之前, 一都事, 專檢一司事.

4. 상경력은 곧 낭청의 우두머리로서, 관사를 전적으로 주관하니 잠시도 비워 둘 수 없다. 그러한 까닭에 의금부의 옛 관례에서는, 상경력이 교체[134]된 때에 면

---

130. 圈點: 여기서는 상경력 후보자의 이름 밑에 둥근 점을 찍는 방식으로 행한 투표를 의미한다. 후보자를 제외한 낭청들이 유권자였으며, 보통·평등·직접·비밀선거로 행하여졌다.

131. 免新: 신임 낭청이 일정 기간이 지나 免新禮를 행하면 '신임'이라는 지위에서 벗어나 정식으로 동료로서 인정받게 되었는데, 免新禮를 줄여서 免新이라 하였다. 구체적 절차에 관하여는 [許參] 참조.

132. 참하관의 정원이 5원이므로, 면신 여부를 불문하고 모든 참하관이 권점하러 들어감을 알 수 있다.

133. 尊號: 왕·왕비·대비의 덕을 칭송하여 올리는 칭호.

134. 상경력의 교체: 현재의 상경력을 일반 경력으로 하고 다른 경력 중에서 상경력을 새로 뽑는다는 의미가 아

신한 경력들[135] 중에서 순서에 따라 관례대로 (상경력으로) 올려 줄 사람이 없으면, 신위 중에서 올려 줘야 할 사람이 출관[136]하면 관례에 따라 올려 주며, 면신하는 기간[137]에서 10일을 빼고 계산한다. 면신하는 것으로써 그대로 상경력으로 봉숭하는 것을 허용한다. 그리고 상경력으로 봉숭하기 전에는 수석도사가 관사를 전적으로 주관한다.

一. 本府都事一員之窠, 間有以文武差出之時, 而至於上經歷封崇之時, 則只以南行議定施行, 而文武則勿論事.

5. 의금부 도사 1원의 자리는 간혹 문관이나 무관으로 차출할 때가 있는데,[138] 상경력으로 봉숭할 때에 이르러서는 다만 음관(蔭官)으로 의정(議定)하여 시행하고, 문관이나 무관은 논하지 않는다.

一. 上經歷爲任, 專檢一司, 其不輕而重也. 如此, 故廳中故例, 一經上經歷封崇之後, 則雖有曾經上經歷之員重來, 而不得陞降, 所以重其體也. 或拘於資級高下, 間有陞降之時, 墜落古風, 莫此爲大. 此後則一依古例遵行, 以重體面事.

6. 상경력을 맡게 되면 관사를 전적으로 주관하는 것은 가볍지 않고 중요하다. 이와 같은 까닭에, 의금부 옛 관례에서 일단 상경력으로 봉숭된 뒤에는 비록 일찍이 상경력을 지낸 사람이 (의금부에) 다시 오더라도 (그를 상경력으로) 올리고 (현재의 상경력을) 내릴 수 없으니, 그 체면을 중시하기 때문이다. 간혹 자급의 고하에 구애되어 올리고 내리는 예가 있는데, 옛 풍속을 타락시킴

니라, 현재의 상경력이 다른 관직에 제수되거나 파면되는 것을 말한다.

135. §2와 비교하면 '東壁'이 '면신한 경력'을 의미함을 알 수 있다.

136. 出官: 신임 낭청은 면신 전에 出官禮를 거쳤는데, 이를 줄여서 出官이라 하였다. 구체적 절차에 관하여는 [許參] 참조.

137. 면신하는 기간: [許參] §1 및 [重來] §§6·7 참조.

138. 이 조항의 '都事'는 참하 낭청뿐만 아니라 참상 낭청인 경력까지도 포함하는 것으로 해석된다. 의금부의 낭청에는 대체로 蔭官을 임명하였다(자세히는 졸고, 앞의 박사학위논문, 84－99면 참조). 한편 박명양이 《금오헌록》을 집필한 이후의 법전인 《대전통편》에는 경력 중 1원을 武官으로써 임명하도록 한 규정이 있다(《大典通編》〈吏典〉[京官職/從一品衙門/義禁府]: 參上一員 作武窠 參外 非生進不得差). 이 책 부록 1(금오좌목) 중 《대전통편》 간행(1785년) 이후의 좌목에서는 무관인 낭청을 각각 1인씩 찾을 수 있다(1790년의 심능관, 1840년대의 이양희, 1865년의 권성우).

이 이보다 클 수 없다. 이후로는 일률적으로 옛 관례에 의하여 준행함으로써 체면을 중시한다.

一. 曾經上經歷, 則勿爲公事員及倣度. 凡干接待, 一依時任上經歷事.

7. 전임 상경력은 공사원(公事員)으로 삼거나 주도(倣度)[139]를 시킬 수 없다. 무릇 대우에 관하여는 일률적으로 현임 상경력과 같이한다.

一. 凡輪直禁亂官時, 上經歷, 不敢分差事.

8. 금란관[140]을 돌아가며 맡을 때에 상경력은 감히 보내지 않는다.

一. 堂上坐起及各位一會之日, 上經歷仕進後 追後仕進之員, 論罰事.

9. 당상관이 업무를 보거나 각위가 모두 모이는 날에는, 상경력이 출근하고 나서 나중에 출근하는 인원은 논하여 벌준다.

一. 上經歷入來之時, 各位俱公服起居, 路上相逢, 則回馬首事.

10. 상경력이 들어올 때에 각위는 공복을 갖춰 입고 일어서서 맞이하며, 길에서 서로 만나면 말머리를 돌려야 한다.

一. 本府或有不時急遽之事, 則或命首都事, 故上經歷, 則不得取便出使事. [甲子完議]

11. 의금부에 혹여 때 아니게 급한 일이 있으면, 혹 수석도사에게 명하므로, 상경력은 편안하겠다고 출장 가지 못한다. [갑자년(1744년)의 완의]

139. 倣度: 각 관청의 신임 낭청이 免新한 뒤에 일정한 기간(관청마다 다름) 날마다 해당 관청에서 入直하던 일.
140. 禁亂官: 과거시험장에서 혼란과 부정행위를 막던 임시 관직.

十一. 座次

一. 凡各位, 則別無從資級座次之語, 只有口傳次第之議, 則其一從口傳, 從古而然. 而中間專以資級爲重, 雖新進曹司免新之後, 便居右位之上, 其在廳風, 殊未妥當. 其間亦不無難便之事, 此後則上經歷外, 一從口傳, 分東西定其座次, 以爲定式之地事.

1. 각위는 특별히 자급에 따라 좌차를 정한다는 말이 없고, 다만 임명된 순서로써 위차(位次)를 논의하는 것만 있으니, 일률적으로 임명 순서에 따르는 것은 예부터 그러하다. 그러나 중간에 오로지 자급을 중요시하여, 비록 신참 조사라도 면신을 한 뒤에는 쉽게 선임의 위에 자리 잡았으니, 의금부의 기풍상 매우 부당하다. 그동안 논란이 또한 없지 않았으나, 이후로는 상경력 외에는 일률적으로 임명 순서에 따라 동서를 나누고 그 좌차를 정하는 것을 정식으로 삼는다.

十二. 入仕

一. 新除授都事在京, 則除拜日出仕, 經歷在京, 則除拜翌日肅拜, 而過一日, 則不計重來, 行中罰禮, 過二日, 則行大罰禮. 過三日者, 新來則免新退朔, 重來則做度後, 本府當直交代中, 限十日罰直. 而在鄉者, 計其往還日子, 過限則依右[141]例施罰事.

1. 새로 임명된 도사가 서울에 있으면 임명된[除拜] 날 출사(出仕)[142]하고, (새로 임명된) 경력이 서울에 있으면 임명된 이튿날 사은숙배[143]하는데, 하루를 넘기면 중래(重來)[144]인지를 불문하고 중벌(中罰)[145]을 거행하며, 이틀을 넘기면

141. 원문은 '古'이나 의미를 고려하여 '右'로 수정하였다.
142. 出仕: 관직에 임명되어 처음으로 출근함.
143. 謝恩肅拜: 임금의 은혜에 감사하며 공손히 절하는 일.

대벌(大罰)[146]을 거행한다. 사흘을 넘긴 경우에는, 신래(新來)는 면신을 1개월 미루며, 중래는 주도를 한 뒤에 의금부 당직 교대 중 10일을 한도로 벌직(罰直)을 시킨다. 그리고 시골에 있는 자는 갔다가 돌아오는 날짜를 계산해서 기한을 넘기면 위 예에 따라 벌을 시행한다.

一. 金吾自是苦地. 新授司員, 卽刻出仕, 蓋是定式. 而近來或有不卽出仕, 身病不仕. 牌子來到, 槪緣新位, 未諳廳規而然. 從今以往, 新除司員, 當日內不卽仕進, 則雖有實故身病, 出仕後免新退朔施罰之意, 禮吏卽爲進去告課, 使之催促出仕事. [辛酉完議]

2. 의금부는 원래 힘든 곳이다. 새로 임명된 낭청이 즉각 출사하는 것이 곧 정식이다. 그런데 근래 즉각 출사하지 않기도 하니, 병 때문에, 출사하지 않는다. 배자[牌子][147]가 도착하여도, 대체로 신위인 까닭에 아직 의금부 내규를 알지 못해서 그리 행동한다. 지금부터는 새로 임명된 낭청이 당일에 즉시 나오지 아니하면 비록 실제로 사정이나 병이 있더라도 출사 후 면신을 1개월 미루는 벌을 시행한다는 뜻을 예리(禮吏)가 즉시 나아가서 보고하여 그에게 출사를 재촉한다. [신유년(1741년)의 완의]

一. 新位出官前, 二次大大罰, 依例進呈事<一則新入金吾未諳廳規, 一則高臥當直傲視右位>.

3. 신위가 출관하기 전에 두 차례의 대대벌(大大罰)[148]을 관례에 의하여 진정(進

---

144. 重來: 이전에 의금부 낭청이었다가 免新하기 전에 다른 관청으로 옮겼는데(또는 단순히 면직되었는데) 다시 의금부 낭청으로 임명되어 온 사람. 중래가 면신 전에 다른 관청으로 옮겼다가(또는 단순히 면직되었다가) 다시 의금부 낭청으로 임명되어 오면 '重重來'라 하였다.

145. 中罰: 의금부 낭청에게 過誤가 있을 때에 벌로써 한턱내게 하는 것을 벌례(罰禮/罰例)라고 하였는데, 出官·免新·封祟 등의 경우에 한턱내는 것도 벌례라고 하였다. 벌례에는 小罰·中罰·大罰·大大罰의 4종이 있었던 것 같으며, 시기에 따라 금액이 달라진 것 같다. [大門節目]에는 중벌이 2냥이고 대벌이 3냥으로 되어 있으나, [罰例記]에는 대벌이 9냥이고 대대벌이 15냥으로 되어 있다. 이 외에는 각 벌례의 금액을 비교할 수 있는 자료가 없다. 위 두 자료만으로 일단 소벌:중벌:대벌:대대벌=1:2:3:5였던 것으로 추정해 본다.

146. 大罰: 각주 145 참조.

147. 牌子: '배자'로 읽는다. 의금부 낭청은 구전명령으로 임명되기 때문에 牌子로 임명 사실을 전달하였던 것 같다.

148. 大大罰: 각주 145 참조.

로)한다<한 번은 의금부에 새로 들어와 아직 내규를 외지(알지) 못하는 것, 한 번은 당직청에서 목에 힘주고 선임을 오만한 태도로 보는 것>.

一. 出官前, 廳中以新位稱號事.

4. 출관하기 전에는 의금부 내에서 '신위'라고 부른다.

十三. 許參

一. 新來之員, 參上則肅拜後四十五日而行出官禮, 又四十五日而行免新禮. 參下則出仕後三朔而行出官禮, 又三朔而行免新禮, 只計朔而不計日子事.

1. 새로 온 인원이 참상관이면 사은숙배 후 45일에 출관례(出官禮)를 하고 그 45일 후에 면신례(免新禮)를 한다. 참하관이면 출사149 후 석 달에 출관례를 하고 그 석 달 후에 면신례를 하는데, 달 수만 세고 날짜는 세지 않는다.

一. 出官免新一會, 若値國忌, 則不得開坐事<國忌及日月食火災停朝市外, 他齋戒勿拘>.

2. 출관·면신례로 함께 모이는 날이 국기일에 해당하면 자리를 열지 못한다<국기일 및 일식·월식, 화재, 조정 업무와 시장 장사를 정지할 때 외에는 다른 재계에 구애되지 않음>.

一. 出官免新, 旣定日子之後, 或値朝家不時齋戒, 則新位旣熟之饌, 全棄有弊, 故或於私室設行, 而待後日公會稱號事.

3. 출관이나 면신을 하려고 이미 날짜를 정한 뒤에 혹 조정에서 때 아니게 재계

149. 참상관은 사은숙배를 기준으로 삼지만 참하관은 出仕를 기준으로 삼는 것은 참하관은 사은숙배하지 않기 때문이다. 그러나 나중에는 의금부 참하관에 임명된 자도 사은숙배하는 것으로 바뀌었다. 이에 관하여는 [追錄] §18 참조. 한편 [入仕] §1도 참하관은 사은숙배하지 않음을 전제로 한 규정이라고 하겠다.

가 있게 되면 신위가 이미 마련한 음식을 모두 버리는 것은 폐해가 있으므로, 혹 사실(私室)에서 설행(設行)하고 뒷날을 기다려 '공회'라고 부른다.

一. 出官後, 始以前路出入, 書吏羅將行重徒禮.

4. 출관한 뒤에 비로소 앞길로 출입하며, 서리와 나장이 중도례(重徒禮)를 행한다.

一. 出官後, 廳中以一新稱號<出官司員數多, 則以一新二新, 從先後漸次稱號>.

5. 출관한 뒤에는 의금부 내에서 '1신'이라고 부른다<출관한 낭청의 수가 많으면 '1신', '2신' 등으로 (출관의) 선후에 따라 부름>.

一. 免新日分帖, 自是舊規, 必待分帖然後許參事.

6. 면신한 날에 분첩(分帖)[150]함이 원래 예전부터의 규칙이며, 반드시 분첩을 한 연후에 허참[151]한다.

一. 新位免新日, 上經歷公事員中, 雖有故, 公事員一員及各位二員進參, 則設行事.

7. 신위가 면신하는 날에 상경력이나 공사원 중에 비록 유고(有故)한 사람이 있더라도, 공사원 1원 및 각위 2원이 참석하면 (면신례를) 거행한다.

十四. 差任

一. 二經歷, 爲上公司員, 一都事, 爲下公司員, 糾察一司, 而若無經歷位, 則一二都

---

150. 分帖: 면신례를 행할 때에 참석하는 낭청의 수만큼 契帖을 만들었는데, 이를 나눠 주는 것을 뜻한다. 계첩은 낭청들의 인적 사항(官階·관직·성명·字·生年·출신·본관)을 담은 좌목과 의금부 조감도인 金吾圖로 구성되어 있으며, 金吾契會圖·金吾契帖 등의 제목을 붙인다. 현재 서울대학교 규장각한국학연구원, 국립중앙도서관, 고려대학교 해외한국학자료센터 등에 몇 본이 소장되어 있다. 일부 좌목과 금오도를 발췌하여 각각 부록 1(금오좌목)과 부록 2(금오도)로 이 책 권말에 실었다. 1745년의 좌목에는 《금오헌록》을 집필한 朴鳴陽의 이름도 보인다.

151. 許參: 정식으로 의금부 낭청이 되어 업무를 보는 것.

事爲之事.

1. 차경력(次經歷)이 상공사원(上公司員)이 되고 수석도사가 하공사원(下公司員)이 되어 의금부 전체를 규찰하되, 경력인 관원이 없으면 수석·차석도사가 규찰한다.

一. 工房奴婢色, 則列書各位, 首堂上前劃出, 而上經歷主管事.

2. 공방과 노비빗은 각위를 차례대로 써서 판사 앞에서 지명하며, 상경력이 주관한다.

一. 一都事例兼上兵房, 曹司兼下兵房事.

3. 수석도사가 상병방을 관례대로 겸하고, 조사가 하병방을 겸한다.

一. 刑房之任, 曹司例兼事.

4. 형방의 임무는 조사가 관례대로 겸한다.

一. 工房, 掌贖錢, 廳中日用鋪陳屛帳等物, 一並酬應. 奴婢色, 掌本府各處奴婢貢錢, 庫直朔下債 入直馬太 及陵幸時陪從司員糧資等物, 一並酬應事.

5. 공방은 속전을 맡아서, 의금부에서 날마다 쓰는 깔개·병풍·장막 등을 모두 요구에 응(하여 공급)한다. 노비빗은 의금부의 각처 노비가 신공(身貢)으로 바치는 돈을 맡아서, 창고지기에게 매월 내리는 수고비와 입직에 드는 말먹이 비용 및 능에 거둥할 때 따라가는 낭청의 식량과 노자 등을 모두 요구에 응(하여 공급)한다.

一. 上經歷掌書吏, 上兵房掌羅將, 凡出使等事, 一從井間, 無得違越事.

6. 상경력이 서리들을 맡고 상병방이 나장들을 맡아서, 출장 등의 일은 일률적으로 정간(井間)에 따르고 순서를 위반하지 못한다.

十五. 重來

一. 新位重來, 則並計前仕免新事.

1. 신위가 중래이면, 예전의 근무 일수를 합산하여 면신한다.

一. 曾雖除拜, 未及出仕而徑遞者, 勿以重來待之事.

2. 이전에 (의금부 낭청에) 임명되었더라도 출사하기 전에 갑자기 체직되었다면, 중래로 대우하지 않는다.

一. 重來做度本府當直, 各十日. 而本府當直, 俱有新位, 則交代察任. 交代有曹司則待三曹司免新後施行. 而未免新重來之員, 時有曹司, 則待曹司免新, 行做度事.

3. 중래는 의금부와 당직청에서 각각 10일 주도하는데, 의금부와 당직청에 모두 신위가 있으면 교대로 임무를 살핀다. 교대는 조사가 있으면 3조사가 면신할 때까지 기다렸다가 시행한다. 그러나 면신하기 전인 중래는 그때에 조사가 있으면 조사의 면신을 기다려 주도를 행한다.

一. 重重來做度本府當直, 各五日. 而本府當直, 俱有曹司, 則交代察任事.

4. 중중래(重重來)[152]는 의금부와 당직청에서 각각 5일 주도하는데, 의금부와 당직청에 모두 조사가 있으면 교대로 임무를 살핀다.

一. 重來之員, 例有做直, 旣有做直, 則不可無重來之禮, 出仕之後, 依中罰禮進呈, 重重來則依小罰禮進呈, 曾經上經歷則否事.

5. 중래인 낭청은 관례대로 본부 및 당직청에의 입직을 주도하는데, 이미 주도를 한 적이 있다면 중래의 예가 없어서는 안 되니, 출사한 뒤에 중벌에 의하여 진정(進呈)하고, 중중래이면 소벌(小罰)에 의하여 진정하며, 전임 상경력이면 그러하지 아니하다(=중벌 및 소벌이 없다).

---

152. 重重來: 각주 144 참조.

一. 新位重來, 並計前仕免新, 自是舊例, 而若以參下未免新前, 相換他司, 後日以參上重來, 則並計前仕, 以九十日免新事.

6. 신위가 중래이면 예전의 근무 일수를 합산하여 면신함이 원래 옛 관례이니, 만약 참하관으로서 면신 전에 다른 관사로 옮기게 되었다가 나중에 참상관이 되어 중래로 오면, 예전의 근무 일수를 합산해서 90일에 면신한다.

一. 參下新位, 未出官前相換, 以參上重來, 則前仕通計以四十五日出官, 出官後相換重來, 則以前出官日計四十五日免新事.

7. 참하관인 신위가 출관하기 전에 (다른 관사로) 옮기게 되었다가 참상관이 되어 중래로 오면 예전의 근무 일수를 통산하여 45일에 출관하고, 출관한 후에 옮기게 되었다가 중래로 오면 예전에 출관한 날을 합산해서 45일에 면신한다.

十六. 上直

一. 前期一日, 禮吏持分記往上兵房前, 本府當直入直, 當次司員, 自下達上, 二日式分記, 而勿推諉事.

1. 입직 주기가 시작되기 하루 전에 예리가 분기(分記)[153]를 가지고 상병방 앞에 가면, 본부와 당직청에서 입직을 할 차례가 되는 낭청을 아래서 위에 이르기까지 이틀씩 나눠 적으며, 떠넘기지 못한다.

一. 各位上直交代, 本司辰時, 當直卯時. 過時則罰直一日, 甚者二日事.

2. 각위의 입직 교대는 본부에서는 진시(오전 7~9시)에 하고, 당직청에서는 묘시(오전 5~7시)에 한다. 시간을 넘기면 하루를 벌직시키고, 심한 경우에는 이틀을 벌직시킨다.

---

153. 分記는 '나눠 적음'이란 뜻이나 여기서는 물건을 가리키므로, 分記하기 위한 井間을 의미한다고 보아야 할 것이다.

一. 新來免新後, 則例直一日, 間直一日後, 仍行輪直事.

3. 신래가 면신한 뒤에는 관례대로 하루를 입직하고 하루건너 또 하루를 입직한 다음에 윤번 입직을 행한다.

一. 新來之員, 得三曹司而來者, 免新後本府當直, 各做度二十日. 本府當直, 若有後來新位, 則交代四十日並行事.

4. 신래인 낭청이 3조사를 얻어서 온 경우에는, 면신한 뒤에 의금부와 당직청에서 각각 20일 주도한다. 의금부와 당직청에 만약 후배 신위가 있으면, 교대하면서 40일을 행한다.

十七. 回公

一. 本府公事, 勿論緊歇緩急, 事體至重, 入直郎廳請坐, 交代後卽刻回鑑于諸堂上前, 不敢暫時濡滯, 而如或遲緩, 則廳中齊會施罰事.

1. 의금부의 공사는 긴급한 것인지 아닌지를 불문하고 사리와 체면이 매우 중대하니, 본부 입직 낭청이 당상관의 좌기를 청하고서 교대한 뒤에 즉각 여러 당상관 앞에 회람하고 감히 잠시도 지체하여서는 안 된다. 만약 지체하면 의금부에 제회하여 벌을 시행한다.

一. 各位免新後, 本府當直, 例有輪直之規, 而至於公事, 則免新中曹司, 限得新曹司, 在家回公事.

2. 각위는 면신한 뒤에 의금부와 당직청에서 관례상 윤번 입직하는 규정이 있지만, 공사에 관하여는 면신 중인 조사도 새 조사를 얻는 것을 조건으로 집에서 공문서를 당상관들에게 회람시킨다.

一. 在家回公當次之員, 托故推諉, 則三日內各位, 齊進其家, 定捧罰例事.

3. 집에서 공문서를 당상관들에게 회람시킬 차례가 된 낭청이 핑계를 대고 떠넘기면, 3일 이내에 각위가 일제히 그 집에 가서 벌례(罰例)를 정하여 행한다.

十八. 糾檢

一. 本府廳風極嚴.

1. 의금부의 관청 기풍은 매우 엄격하다.

一. 各位中或有當責者, 上經歷責公事員, 公事員責當責者, 新位中或有當責者, 公事員責一新, 一新責當責者, 次次糾檢事.

2. 각위 중에 문책당할 자가 있으면 상경력이 공사원을 책망하고 공사원이 문책당할 자를 책망한다. 신위 중에 문책당할 자가 있으면 공사원이 1신을 책망하고 1신이 문책당할 자를 책망한다. 순차적으로 규검한다.

一. 公事員糾檢同僚勤慢, 而各位凡有可論之失, 而公事員不卽擧論, 則並爲論罰事.

3. 공사원은 동료의 근만(勤慢)을 규검하니, 각위에게 논해야 할 잘못이 있는데도 공사원이 즉시 거론하지 않으면, 아울러 논하여 벌한다.

一. 坐起及一會之坐, 各位呈病, 無過二員, 而衆所共知之實病者外呈病, 則論罰事.

4. 좌기[154] 및 모두 모이는 자리에서 각위가 병가(病暇)를 내는 것은 2원을 초과할 수 없다. 모두 아는 실제 환자 외에 병가를 내면 논하여 벌한다.

一. 凡府中大小公事當次之員, 托以私故, 他員代行, 則托故者代行者, 並大罰禮. 雖右位, 亦論罰事.

---

154. 坐起: 당상관인 판사·지사·동지사가 의금부에 나와 일을 보는 것.

5. 의금부의 크고 작은 공사를 맡을 차례가 된 인원이 사적인 이유를 대고 다른 인원에게 대행케 하면, 이유를 댄 자와 대행한 자 모두 대벌(大罰)이다. (이유를 댄 자가) 비록 선임이어도 또한 논하여 벌한다.

一. 凡廳中公事時, 雖有一二員橫議, 勿爲拘礙, 從多定行事.

6. 의금부의 공사를 볼 때에는 비록 1, 2원의 반대가 있더라도 구애되지 말고 다수결로 정하여 시행한다.

一. 各位備三員後, 言語不恭者, 體貌不遜者, 或以罰禮, 或以罰直, 或以沒頭, 從輕重議罰事.

7. 각위 3원이 모이고 나서, 언어가 공손하지 않은 자와 몸가짐이 불손한 자를 벌례(罰禮)나 벌직이나 몰두(沒頭)155로 경중에 따라 의논하여 벌한다.

一. 新位中, 或因見責之事, 而不思廳風之有在, 反以見責爲怒, 不仕爲言, 而各位中, 或不無動起私意和解之際, 自損體貌, 自壞廳風. 今後如有因循謬習者, 一切施罰事.

8. 신위 중에서 문책받은 일 때문에 관청의 기풍이 있다는 것은 생각지 않고 오히려 문책받은 것 때문에 노하여 그만두겠다고 말하고, 각위 중에서 사의(私意)를 움직여서 화해시키는 경우가 없지 않으니, 저절로 체면을 손상하고 관청의 기풍을 무너뜨리게 된다. 지금부터 만약 그릇된 인습을 따르는 자가 있으면 일절 벌을 시행한다.

一. 近來廳風大壞, 或有所見牴牾之事, 則輒書不仕而出. 王府重地, 固不當如是. 自今以後, 如有不仕之擧, 勿論新舊位, 卽告堂上前事.

9. 근래에 관청의 기풍이 크게 무너져서 혹여 저오(牴牾)되는 일이 있으면 그냥 '그만두겠습니다.'라고 쓰고 나가 버린다. 의금부는 중요한 곳인데, 이와 같으

155. 沒頭: 머리를 책상 또는 바닥에 처박는 벌?

면 진실로 부당하다. 지금부터 만약 그만두겠다고 하는 행동이 있으면 신위와 각위를 불문하고 즉시 당상관에게 보고한다.

一. 凡輪直回公及交代當次之員, 推諉於他員, 則衆所共知實病外, 在家稱頉或致生事之患, 則當次之員現告事.

10. 윤번 입직, 회공[156] 및 교대를 할 차례가 된 인원이 다른 인원에게 떠넘긴 경우에, 모두 아는 실제의 병 외에 집에 있으면서 병이 있다고 핑계 대다가 말썽이 생기게 되면, 차례가 된 인원이 신고한다.

一. 近來廳風大壞, 凡於公座, 無故不來, 其在體例, 不當如是. 自今以後, 一會坐起及當次公事時, 如有托故不參之員, 則罰直三日, 而施罰之後, 猶踵前習, 則大罰禮進呈, 罰直六日事. [戊申完議]

11. 근래에 관청의 기풍이 크게 무너져서 공좌(公座)에 까닭 없이 오지 않으니, 그 체면과 관례에 있어 이처럼 부당하다. 지금부터는 모두 모일 때와 좌기 및 자기 차례가 된 공사에 만약 핑계를 대고 불참하는 인원이 있으면 3일간 벌직을 시키고, 벌을 시행한 뒤에도 이전 버릇대로 하면 대벌을 진정하고 6일간 벌직을 시킨다. [무신년(1728년)의 완의]

一. 金吾新右之嚴截, 非但爲相敬之道, 抑亦存廳憲之重. 而近來盃酒之間言語之際, 戲謔成習, 聲色相加, 至於翻席起居, 看作羞恥, 司員禮吏, 有若言詰, 體貌不成, 瞻聆俱駭. 從今以往, 在右位, 則凡干公會, 切勿戲謔, 在下位, 則應行體禮, 毋敢違越. 如有胥失, 俱施警責事. [辛酉完議]

12. 의금부 신위와 우위(右位)의 (구별이) 엄격함은 단지 서로 공경하는 도리 때문만이 아니라, 또한 청헌 존중을 보전하기 위해서다. 그런데 근래 술을 마시거나 말을 할 때에 희롱하는 것이 버릇이 되어 서로 언성을 높이고 낯을 붉히다가, 자리를 박차고 일어나니 수치스럽다. 낭청과 예리가 서로 말로 다투게

156. 回公: 公事에 관련된 문서를 당상관들에게 회람하게 하는 일.

되니, (그 자체가) 체면이 말이 아니며 보고 듣는 것이 모두 놀랍다. 지금부터는 우위에 있는 자는 모든 공적 모임에서 절대로 희롱하지 말고, 하위에 있는 자는 체면과 예의를 마땅히 행하여, 감히 위반하지 말라. 만약 서로 허물이 있으면 모두 정신을 차리도록 꾸짖는다. [신유년(1741년)의 완의]

十九. 操切

一. 凡府中大小任事各位新位, 並從口傳取便, 而下位則無得違拒事.

1. 의금부에서 크고 작은 일을 각위와 신위에게 담당시키는 것은 모두 임명된 순서에 따라 편한 것을 취한다. 하위는 거역할 수 없다.

一. 新位對右位, 凡干飮食言動起居, 一向恪勤, 不敢怠慢, 路逢右位, 則回馬首事.

2. 신위가 우위를 대할 때에는 마시고 먹는 것과 언동과 일상생활에서 한결같이 정성껏 부지런히 힘쓰고 감히 태만하지 않아야 하며, 길에서 우위를 만나면 말머리를 돌린다.

一. 凡府中曹司之役, 新位或請須資於右位, 而右位拘於顔情, 許其須資, 則右位以護新論罰, 而新位亦施大罰禮事.

3. 의금부 조사의 역(役)에서 신위가 혹여 우위에게 수자[157]를 청했는데 우위가 안정(顔情)에 구애되어 그 수자를 허락하면, 우위는 신위를 감싸는 것[護新]으로 보아서 논하여 벌하며, 신위에게도 대벌을 시행한다.

一. 各位毋得私詣新位處. 如或不遵廳憲, 任意出入, 則以護新論罰事.

4. 각위는 사적으로 신위가 있는 곳에 갈 수 없다. 만약 청헌을 지키지 아니하고

157. 須資: 입직한 벼슬아치가 긴급한 일이 생겼을 때에 잠시 동료와 입직을 바꾸는 일.

임의로 출입하면 신위를 감싸는 것[護新]으로 보고, 논하여 벌한다.

一. 金吾新位操切之規, 非所以爲右位自尊之地. 蓋此是苦役, 苟無一定之制, 或有拘顔之事易致解體之患故也. 而近來右位, 雖以公體間事, 若有相警之言, 則下位輒生頡頏之意, 必以不仕爲第一義, 故爲右位者, 乃反求解不得. 廳風由是而壞損無餘, 誠爲寒心. 從今以往, 下位以公體有所失之事, 沒頭懸罰罰禮等法, 這這施行. 若有違拒之色, 加以免新退朔之規, 而下位終不遵行, 大段相較, 雖至不仕之境, 右位則不必以同去就爲心, 勿復爲一並呈旬之計事. [辛酉完議]

5. 의금부 신위를 단속하는 규정은 우위가 원래 존귀한 지위여서가 아니다. 대개 의금부 낭청은 일이 힘들고, 만약 일정한 제도가 없으면 인정에 구애되는 일로 쉽게 해체될 우려가 있기 때문이다. 그런데 근래 우위가 비록 공적으로 일에 간섭하더라도 만약 경계하는 말이 있으면, 하위가 문득 버티려고 생각하여 반드시 그만두겠다고 하는 것을 첫째로 삼는 까닭에, 우위인 자가 오히려 화해를 청하여도 하지 못한다. 의금부 기풍이 이로 말미암아 무너져 남는 것이 없으니 정말 한심하다. 지금부터 하위가 공무로서 실수한 것이 있으면 몰두·현벌(懸罰)·벌례 등의 법을 낱낱이 시행한다. 만약 (어기고) 거부하는 낯빛이 있으면 면신을 한 달 늦추는 벌을 더하며, 하위가 끝내 준행하지 않고 크게 틀어져서 비록 그만두겠다고 하는 지경에 이르더라도, 우위는 거취를 같이할 생각을 할 필요가 없으니 다시는 함께 정순[158]하려고 하지 말라. [신유년(1741년)의 완의]

二十. 受由

一. 各位由狀, 必經廳中可否然後, 呈堂上, 而毋過二員. 新位則毋得呈病事.

158. 呈旬: 조선시대 각 관청의 당하관이 사임이나 휴가를 청하고자 할 때에는 열흘에 한 번씩 세 번을 계속하여 소속 상관에게 그에 대한 원서를 내었는데, 轉하여 일반 관료들의 사임 원서를 내는 일의 경우에 쓰이기도 하였음. 三度呈辭.

1. 각위의 휴가신청서는 반드시 청중(廳中)에서 가부의 논의를 거친 후에 당상관에게 제출하되, 2원을 넘길 수 없다. 신위는 병가를 낼 수 없다.

一. 金吾司員, 雖是右位, 不敢受由, 自是定式. 而近來此路一開, 便成規例, 遠近鄕行, 無難請由. 從今以往, 在京請暇, 雖或許之, 而下鄕由狀, 一切防塞. 不待公司員前停, 當禮吏先爲據例告課事. [辛酉定式]

2. 의금부의 낭청은 비록 우위일지라도 감히 휴가를 받지 않는 것이 자체의 정식이다. 그런데 근래 이 길이 한번 열리자 쉽게 규례가 되어, 멀고 가까운 고향에 가면서 어렵지 않게 휴가를 신청한다. 지금부터는 서울에 있을 예정으로 휴가를 신청하면 허가하더라도, 고향에 내려가려고 (하면서) 휴가신청서를 내는 것은 일절 막는다. 공사원(公司員)이 미리 막는 것을 기다리지 말고, 마땅히 예리가 먼저 관례에 의거하여 보고한다. [신유년(1741년)에 정한 법식]

二一. 式暇 <(附)服制>

一. 凡式暇, 書某親忌辰牌子, 然後依法典給暇. 而各位則親忌三日, 自祖考妣至高祖考妣·外祖父母·妻父母, 各限二日. 新位則只給親忌二日事<若値口招坐起, 雖親忌不得由>.

1. 법정휴가는 어느 조상의 기일이라는 배자[牌子]를 쓴 뒤에 법전[159]에 의하여 휴가를 준다. 각위는 부모의 기일에는 사흘이고, 조부모부터 고조부모까지와 외조부모, 처부모의 기일에는 각각 이틀에 한한다. 신위에게는 다만 부모의 기일에 이틀을 준다<구초[160]하려고 좌기하게 되면, 비록 부모의 기일이라도 휴가를 받지 못한다>.

---

159. 《經國大典》〈禮典〉[給假] 참조.

160. 口招: 口傳取招의 줄임말. 죄인이 진술한 것을 받아 적어서 調書를 작성함.

一. 各位服制, 期年七日, 大功五日, 小功緦麻各四日. 而新位則期·大功·外祖父母·妻父母喪, 限成服給暇事.

2. 각위의 복제(服制)는 기년복은 7일, 대공복은 5일, 소공복과 시마복은 각각 4일이다.[161] 그러나 신위는 기친·대공친·외조부모·처부모의 상에만, 성복(成服)할 때까지만 휴가를 준다.

一. 科擧設場之後, 服制式暇, 試官亦不得懸頉. 而禁亂官分記時, 多有緣此推諉之弊. 此後則禁亂官, 期·大功·外祖父母·妻父母喪及親忌外, 服制式暇, 一切勿許事.

3. 과거시험장을 개설한 뒤에는, 복제휴가와 법정휴가를 시험관도 받을 수 없다. 그러나 금란관을 배정할 때에 이를 기화(핑계)로 떠넘기는 폐해가 많이 있다. 이후로는 금란관에게 기친·대공친·외조부모·처부모의 상 및 부모의 기일 외의 복제휴가·법정휴가는 일절 허락하지 않는다.

一. 本府式暇之規, 只許忌祀, 而不及時祭者. 雖未知當初旨意之如何, 而考見大典給暇條, 則時祭主祭者及衆子, 式暇二日, 府憲之不載, 明是闕文. 自今以後, 依大典許給式暇, 而各位則主祭者三日, 衆子則二日. 新位則只許主祭者二日事<諸僚若於一時, 幷行時祀, 則先許上經歷, 以下五位其下. 毋得一時並行事>. [甲寅完議]

4. 의금부 법정휴가의 규정은 다만 기제사에만 허락하고 시제에는 그리하지 않는다. 비록 당초의 취지가 어떠하였는지는 알 수 없지만, 《경국대전(經國大典)》〈예전(禮典)〉 [給假]를 살펴보면 시제의 제주(祭主) 및 중자(衆子)에게 주는 법정휴가가 이틀이니,[162] 의금부 규정에 싣지 않음은 분명히 누락이다. 지금부터는 《경국대전》에 의하여 법정휴가를 주는 것을 허락하며, 각위는 제주는 사흘이고 중자는 이틀이다. 신위는 다만 제주에게 이틀을 허락한다< 여러

---

161. 《續大典》〈禮典〉 [給假]에 따르면 朝臣의 복제는 기년복은 15일, 대공복은 10일, 소공복은 7일, 시마복은 4일이다. 다만 經筵官에 대하여는 기년복이 7일, 대공·소공·시마복이 4일이다. 《金吾憲錄》의 이 규정을 통하여, 의금부 낭청의 경우 대체로 일반 관료의 절반이고 경연관과 비슷하였음을 알 수 있다.

162. 《經國大典》〈禮典〉 [給假]: 時祭, 則主祭者及衆子, 並給假二日.

낭청이 일시에 함께 시제를 행하면 상경력에게 먼저 허가하고, 이하 4위[163]는 그다음이며, 동시에 모두 행할 수는 없음>. [갑인년(1734년)의 완의]

二二. 禮木

一. 本府長房, 乃是 郎廳先生就理時 所處之地也. 蓋郎廳中叅上, 則九十日, 叅下則六朔後行許叅禮, 始稱先生許入長房. 雖未滿一日者, 不以先生待之, 勿許長房者, 乃所以尊先生而嚴廳規也. 至於堂上, 則元無許叅之禮, 故亦無先生之稱, 而曾經堂上中, 或有就理之擧, 不得入處長房, 乃是三百年古例. 而中間違越廳憲, 入處長房, 郎廳拘於相敬之道, 不能據例防塞, 因循至今, 便成謬習. 則堂上體尊, 雖無許叅之禮, 而旣與郎廳先生, 同入長房, 則至於外任, 禮木似不可異同. 此後堂上先生中, 爲外任, 則監兵水使, 木十疋, 畿伯·留守則半之, 府尹·牧府使七疋, 郡守·縣監, 五疋式定數, 永久遵行事<甲寅畿邑則半之完議>.

1. 의금부 장방[164]은 바로 낭청의 선생이 심문을 받을 때에 머무는 곳이다. 대개 낭청 중 참상관은 90일, 참하관은 6개월 후에 허참례를 거행하고,[165] 비로소 선생이라고 부르며 장방에 들어감을 허락한다. 비록 하루가 모자라도 그를 선생으로 대우하지 않고 장방에 들어감을 허락하지 않는 것은, 선생을 존중하고 청규(廳規)를 엄격히 하기 때문이다. 당상관에게는 원래 허참례가 없으므로 선생이라는 칭호도 없고, 당상관을 지낸 사람이 심문을 받더라도 장방에 들어가 머물 수 없는 것이 300년 된 고례(古例)다. 그러나 중간에 청헌을 어기고 장방에 들어가 머물러도 낭청이 (당상관을) 공경하는 도리에 구애되어 규례에 의거하여 막지 못했는데, 이것이 지금까지 지속되어 쉽게 그릇된 풍습을 이루었

163. 원문에 '五位'라고 하였으나 4위로 해석하여야 할 것이다. 상경력에게 먼저 허가하였으므로, '이하 5위'라고 하면 都事도 1명 포함된다.

164. 長房: [官府] §3 참조.

165. [許參] §1 참조.

다. 그렇다면, 당상관의 체면이 존귀하여 비록 허참례가 없다지만 이미 낭청의 선생과 똑같이 장방에 들어갔으면, 지방관이 될 때의 예목(禮木)이 다를 수 없을 것 같다. 이후로는 당상관이나 선생이 지방관이 되면, 관찰사와 병마·수군절도사는 목면 10필, 경기 관찰사와 유수[166]는 그 반, 부윤·목사·(대)도호부사는 7필, 군수와 현감은 5필씩으로 수를 정하여 영구히 준행한다<갑인년(1734년)의 완의로 경기의 고을은 반으로 함>.

一. 以時任郎廳, 除拜外任, 則有廳中筆債七兩, 西廳筆債二兩, 鋪陳債二兩, 辭朝日卽捧事.

2. 현직 낭청이 지방관에 제수되면 청중 붓 값[167] 7냥, 서청 붓 값[168] 2냥, 깔개—방석이나 돗자리 등—값 2냥이 있으니, 사조[169]하는 날에 즉시 바친다.

一. 以本府郎廳, 移他職而除拜外任, 則只捧鋪陳債二兩事.

3. 의금부의 낭청이 다른 관직으로 옮겼다가 지방관에 제수되면 깔개 값 2냥만 바친다.

一. 本府鋪陳屛帳等物, 年久廢毁, 而工房無留財, 則曾經先生之時任各邑處, 發簡求請事.

4. 의금부의 깔개·병풍·장막 등이 오래되어 해졌는데 공방에 남아 있는 물건이 없으면, 전직 선생이 수령으로 있는 각 고을에 편지를 보내어 청구한다.

一. 堂上鋪陳改備時, 各道監兵營求請事.

5. 당상관의 깔개를 갈 때에는 각 도의 감영과 병영에 청구한다.

---

166. 留守: 개성·강화·광주·수원을 관할하는 정2품 또는 종2품의 京官職.

167. 廳中 붓 값: 아래의 '西廳 붓 값'과의 관계를 고려할 때 신위 이외의 낭청들이 사용할 붓을 사기 위한 돈으로 볼 것이다. [分兒]에 이러한 취지의 규정이 보인다.

168. 西廳 붓 값: 西廳은 [官府]에 新位의 공간으로 소개한 西軒을 가리키는 듯하며, 따라서 '서청 붓 값'은 신위들이 사용할 붓을 사기 위한 돈으로 볼 것이다. [分兒]에 이러한 취지의 규정이 보인다.

169. 辭朝: 새로 임명된 관리가 부임에 앞서 임금에게 하직 인사를 드리던 일. 朝辭.

二三. 分皃

一. 曆書分皃, 則自奴婢色擔當事.

1. 달력을 나눠 주는 것은 노비빗이 담당한다.

一. 郎廳各位親忌, 四兩燭一雙, 自奴婢色造送事.

2. 낭청 각위의 부모 제사에는 4냥짜리 초 1쌍을 노비빗이 만들어 보낸다.

一. 束筆分皃. 則一都事擔當事.

3. 속필[170]을 나눠 주는 것은 수석도사가 담당한다.

一. 庭·謁聖正草, 工房專當, 節製·增別試時, 自奴色工房分半, 正草紙, 一事式堂郎各位前分皃. 會試則當赴各位 及堂上子弟中當赴會試處, 一事式奴工兩色, 分半分皃事.

4. 정시와 알성시[171]의 정초(正草)[172]는 공방에서 오로지 담당하고, 절일제[173]와 증광시[174]와 별시[175]를 시행할 때에는 노비빗과 공방에서 반씩 분담하여 정초용지(正草用紙)를 1사[176]씩 당상관·낭청 각위 앞에서 나눠 준다. 회시[177]에서는 응시하는 각위 및 당상관 자제 중에서 회시에 응시하는 사람들에게 한 벌씩을, 노비빗과 공방에서 반씩 분담하여 나눠 준다.

一. 本府筆債, 載於廳憲, 而分筆之規, 無分明載錄者, 前規不免參差, 每當分送之

---

170. 束筆: 붓 10개를 묶은 것.
171. 謁聖試: 임금이 성균관에 거둥하여 공자의 신위에 참배하고 보이는 과거.
172. 正草: 과거시험에 사용하던 종이.
173. 節日製: 조선시대에 성균관과 지방의 유생을 대상으로 명절인 人日節(1월 7일)·上巳節(3월 3일)·七夕節(7월 7일)·重陽節(9월 9일)에 실시한 과거.
174. 增廣試: 나라에 경사가 있을 때 기념으로 보이는 과거.
175. 別試: 나라에 경사가 있을 때나 또는 천간으로 丙자가 든 해에 보이는 과거.
176. 事: 試紙나 落幅紙의 수를 세는 단위. 度. 2장이 1事이고, 10事가 1軸이다.
177. 會試: 중앙과 지방에서 초시에 합격한 사람을 서울로 모아 제2차로 보이는 시험. 覆試.

際，輒有眩錯之患．今後，則元筆只分兒於右位，西廳筆，則無論多少，盡屬新位．而參完議諸員中，或有遷轉者，視完議中時任僚員，折半分兒，而同政遷轉，雖有先後，並勿論．完議後司員，則勿許分兒．完議之規，則僚員除拜外任之日，禮吏列書位次，以成完議者．

5. 의금부의 붓 값에 관하여는 청헌에 실려 있으나, 붓을 나눠 주는 것에 관한 규정은 분명히 기록되어 실린 것이 없어서 이전의 규정들이 서로 어긋남을 면치 못하니, 나눠 보내 줄 때마다 헷갈리는 문제가 갑자기 발생한다. 지금부터 원필[178]은 우위에게만 나눠 주며, 서청 붓은 많고 적음을 불문하고 모두 신위에게 속한다. 그리고 완의에 참여한 여러 인원 가운데 천전(遷轉)[179]한 자가 있으면 완의에 참여한 현직 (의금부) 관료 몫의 절반을 나눠 주며, 같은 정기인사[180]에서 천전한 자는 비록 선후가 있더라도 모두 따지지 않는다. 완의에 참여하지 않은 낭청에게는 나눠 주지 않는다. 완의의 규정은 (의금부) 관료가 지방관에 제수된 날 예리가 (붓을 받을 낭청의) 위차를 나열하여 적음으로써 완의를 완성한다.

一. 堂上禮木筆郎廳均分分兒之規，一如廳筆．而堂上禮木，則旣無西廳筆債，新位則勿預事．

6. 당상관의 예목으로 구입한 붓을 낭청에게 골고루 나눠 주는 규정은 모두 청필(廳筆)에 관한 규정과 같다. 그러나 당상관의 예목에는 이미 서청 붓 값이 없으니 신위는 (나눠 받는 것에) 참여하지 못한다.

---

178. 元筆: [禮木]의 "廳中筆"을 가리키는 것으로 보인다.

179. 遷轉: '遷'은 오르는 것이고 '轉'은 옮기는 것이므로(《經國大典註解(後集)》〈吏典〉[成均館條] '遷轉'에 대한 주해(153번)에서 "遷, 登也. 轉, 移也."라고 함), 승진하거나 같은 직급의 다른 관직으로 옮기는 것을 말한다.

180. 정기인사: 조선시대에는 兩都目 또는 四都目이라 하여 1년에 2회 또는 4회의 정기인사가 있었다. 官員에 대한 정기인사는 1년에 2회(6월과 12월) 시행되었다.

二四. 褒貶

一. 兩等褒貶, 當月初一日四更頭, 上經歷親稟首堂上定日後, 曹司郎廳回報諸堂上事.

1. (연중) 2회의 포폄은 해당하는 달의 초하루 4경[181] 초두(初頭)에 상경력이 직접 판사에게 아뢰어 날짜를 정한 뒤에 조사인 낭청이 여러 당상관에게 알린다.

一. 定日罷漏時, 曹司郎廳, 詣四堂上前請坐. 開坐後, 諸郎廳行公私禮, 皆以紅團領爲之事.

2. 정해진 날 파루[182]할 때에 조사인 낭청이 네 당상관 앞에 나아가 자리에 앉을 것을 청한다. 업무를 개시한 뒤에 여러 낭청이 공례(公禮)와 사례(私禮)를 행하는데, 모두 홍단령[183]을 입고서 한다.

一. 公禮則立庭請謁, 私禮則與坐起禮同事.

3. 공례는 뜰에 서서 뵙기를 청하는 것이고, 사례는 좌기할 때의 예[184]와 같다.

二五. 報仕

一. 初入仕爲都事者, 三十朔計日, 自參奉移拜者同. 自他各司奉事相換者, 通計前仕事.[185]

1. 처음 벼슬하면서 도사가 된 자는 30개월인데 날짜로 계산하고,[186] 참봉이었다가 (의금부로) 옮겨 제수된 자도 같다. 다른 관사에서 봉사로 근무하다가 교

---

181. 丑時, 즉 새벽 1:30경부터 3:30경까지다.
182. 罷漏: 도성 내의 통행금지 해제를 알리기 위하여 종각의 종을 치던 제도.
183. 紅團領: 깃을 둥글게 만든 붉은색 官服.
184. 坐起할 때의 禮: [開坐] 참조.
185. 《續大典》〈吏典〉[京官職/從一品衙門/義禁府]: 參外仕滿九百陞六品.
186. 900일이라는 뜻이다.

체된 자는 전의 근무 일수를 통산한다.

一. 都政時, 自本府計仕, 移文吏曹事.

2. 정기인사를 할 때에는 의금부에서 근무 일수를 계산하여 이조에 문서로 보낸다.

二六. 先生

一. 堂郎先生就理時, 許入長房, 使喚使令廳直茶母各一名差定, 柴油炭亦爲上下事.

1. 당상관·낭청의 선생이 심문을 받을 때에는 장방에 들어감을 허락하고, 사환[187]·사령[188]·청지기[189]·다모[190] 각 1명을 차출해 주며, 땔감·기름·숯도 내준다.

一. 雖值先生多員就理之時, 上下長房廳直各一人雇立外, 不得加定事.

2. 비록 선생 여러 명이 심문을 받는 때일지라도 상·하 장방의 청지기 각 1인을 고용해 주는 외에 추가로 배정할 수 없다.

一. 拿入之際, 不敢迫促褻慢, 決杖贖錢, 折半許捧事.

3. (선생을) 나입(拿入)할 때에는 감히 다그치고 재촉하거나 무례하고 방자하지 않아야 하며, 장을 치는 것[決杖]에 대한 속전은 절반만 바치도록 허락한다.

一. 凡先生入來時呼望事.

4. 선생이 들어올 때에는 소리쳐서 알린다.

---

187. 使喚: 잔심부름을 시키기 위하여 고용하여 부리는 사람.
188. 使令: 관아에서 잡무를 보는 하급 관원 혹은 심부름꾼.
189. 청지기: 각 관사와 양반 집 등에서 잡무를 맡아보거나 시중을 들던 하인.
190. 茶母: 관청의 식모 노릇을 하는 賤婢.

一. 廳中罰禮及下人附過, 一並蕩滌事.

5. 청중(廳中)의 벌례[191] 및 하인의 부과[192]를 모두 없애 준다.

一. 勿論罪之輕重, 旣令蕩滌之後, 廳中不敢更爲擧論事.

6. 죄의 경중을 막론하고 이미 없애 주도록 한 뒤에는 청중에서 감히 다시 거론하지 않는다.

一. 本府自是尊先生衙門, 先生之子來仕此府者, 宜有加待之道, 而考諸廳憲, 無擧論, 實爲欠典. 自今以後, 郎廳先生親子弟, 參上則四十日而行出官禮, 又四十日而行免新禮, 以除十日之役, 參下則二朔半出官, 又二朔半免新, 以除一朔之役, 永爲定式施行事. [己未完議]

7. 의금부는 본디 선생을 존중하는 아문이니 선생의 아들이 이 부(府)에 와서 벼슬하는 경우에는 우대하는 도리가 있어야 하나, 청헌에서 그것을 살펴보면 거론한 것이 없으니 실로 규정이 흠결된 것이다. 지금부터는 낭청 선생의 친아들이나 아우가 참상관이면 40일에 출관례를 행하고 또 40일에 면신례를 행하여 10일의 역(役)을 덜며, 참하관이면 2개월 반에 출관, 또 2개월 반에 면신하여 1개월의 역을 더는 것을[193] 영구히 정식으로 삼아 시행한다. [기미년(1739년)의 완의]

一. 本府之尊先生, 異於他司, 而及其父母己妻之喪, 無一羅將定使喚之規, 殊非尊先生之本意也. 生則待之以先生, 遭喪變及身死, 視若初不相識者然, 其所尊之之意, 果安在哉. 自今以後, 先生之父母己妻喪, 書吏羅將各一人, 限成服定送, 發引前, 羅將一名, 亦爲定送, 而返虞時, 書吏一人定送, 以表尊先生之本意. 而鞫獄多事之時, 則書吏勿許定送事<若値羅卒不足時, 工房奴色雇立定送事, 癸亥完議. 丙戌七月日, 堂郎更爲完議後, 書吏定送, 永爲革罷事>.

---

191. 罰禮: 罰例라고도 한다. 각주 145 참조.
192. 附過: 공무상 과실이 있을 때에 처벌하지 않고 명부에 적어 두는 일.
193. 出官 및 免新의 기간에 관하여는 [許參] §1 참조.

8. 의금부에서 선생을 존중하는 것은 다른 관사와 다른데, 그 부모나 본인 및 아내의 상을 당했을 때 나장 1인도 사환으로 정하(여 보내)는 규정이 없으니, 선생을 존중하는 본뜻이 정말 아니다. 살아서는 그를 선생으로 대하나 상을 당하거나 자신이 죽으면 애당초 서로 모르는 사람처럼 보니, 그를 존중한다는 뜻이 과연 어디에 있는가? 지금부터는 선생의 부모나 본인 및 아내의 상에 성복할 때까지 서리와 나장 각 1인을 (사환으로) 정해서 보내고, 발인 전에 나장 1명을 또 (사환으로) 정해서 보내며, 반우[194]할 때에 서리 1인을 (사환으로) 정해서 보냄으로써, 선생을 존중하는 본뜻을 나타낸다. 그러나 국옥으로 일이 많을 때에는 서리를 (사환으로) 정하여 보내는 것은 허용하지 않는다 <나졸이 부족할 때에는 공방이나 노빗[奴色]에서 고용을 해서 (사환으로) 정하여 보내는 것으로 계해년(1683년)에 완의하였는데, 병술년(1706년) 7월에 당상관과 낭청이 다시 완의한 뒤로는, 서리를 (사환으로) 정하여 보내는 것은 영구히 혁파함>.

二七. 長房

一. 本府下長房, 乃所以尊先生者, 而非先生不得入處者, 自是三百年流來古規也. 近來廳風日壞, 非先生而就理者, 或有不顧事體冒入仍留者, 郞廳中, 或有拘於顔情, 開門許接, 事之寒心, 莫此爲甚. 況大臣及前後首堂, 以此申飭, 非止一再, 至有筵奏痛禁論罪該郞之意, 則長房事面, 尤有較重者. 今後, 則未經堂郞先生之人, 切勿許入, 而雖郞廳中至親尊行, 毋敢許借. 凡有冒入者, 則掌務書吏, 卽爲馳告于諸堂上及郞廳前, 以爲禁斷之地. 該郞及許入之員, 從重論罰. 刑吏外直等, 各別科罪後, 永爲除名, 而掌務書吏, 若不馳告, 則亦爲科罪除名事, 完議.

1. 의금부에 장방을 둔 것은 선생을 존중하기 위한 것이고, 선생이 아니면 들어

194. 返虞: 장례 치른 뒤에 신주를 모시고 집으로 돌아오는 일이나 또는 그 절차.

가 머물 수 없는 것은 벌써 유래가 300년 된 고규(古規)다. 근래 관청 기풍이 날로 무너져, 선생이 아닌데 심문을 받는 자가 사리와 체면을 돌보지 않고 함부로 들어가 그대로 머물기도 하는데, 낭청 중에 인정에 구애되어 문을 열고 맞아들이는 자도 있으니,[195] 일이 한심스럽기가 이보다 심한 것이 없다. 더구나 대신 및 전후의 판사가 이것을 경계함이 한두 번이 아니며, 통렬히 금하고 해당 낭청을 논죄하자는 취지로 경연에서 보고하기에 이르렀으니, 장방의 사리와 체면은 (당상관과 낭청의 구별이나 인정과) 비교하여 더욱 중요한 것이다. 지금부터는 선생이 아닌 당상관·낭청에게는 절대로 들어감을 허락하지 말고, 비록 낭청의 지친(至親)으로 위 항렬인 사람일지라도, 감히 들어가게 해서는 안 된다. 함부로 들어가는 자가 있으면 담당 서리가 즉시 여러 당상관 및 낭청에게 달려가 보고하여 금단(禁斷)하도록 한다. 해당 낭청 및 허락받고 들어간 인원은 무거운 벌로 논한다. 형리(刑吏)와 외직[196] 등은 각별히 과죄(科罪)한 뒤에 영구히 제명하고, 담당 서리가 만약 달려가서 보고하지 않으면 또한 과죄하여 제명하는 것으로 완의한다.

二八. 古蹟

一. 本府有玉牌, 凡三司之出禁時刻, 必牒報本府, 則本府以玉牌, 出禁吏糾察. 三司之禁吏過時, 則囚禁其三司禁吏, 徒配于造紙署矣. 壬辰倭亂, 玉牌閪失, 故仍以廢之.[197]

---

195. 《承政院日記》에서 관련 기사를 찾을 수 있다. 이 기사에 따르면, 의금부 낭청 선생이었던 자가 먼저 長房에 들어가면 따라 들어가므로, 禁推를 받게 되더라도 冷間(일반 죄인이 들어가는 西間)이 아니라 온돌방(선생이 들어가는 長房)에 머물게 되어, 禁推를 받게 된 홍문관 관원들이 전혀 괴롭게 여기지 않고 오히려 술과 고기를 먹으면서 담소를 나누는 등 즐겼다고 한다. 《承政院日記》 영조 22년(1746) 11월 26일㉘.
196. 外直: 장방의 밖에서 지키는 사람으로 생각된다.
197. 《秋官志》〈申章/用牌/禁府玉牌〉: 肅宗二十六年, 右議政金　所啓, "古者義禁府有玉牌, 禁吏作弊者, 持此玉牌捉致而治罪矣. 壬辰亂後, 此法雖廢, 自今以後, 禁亂之吏, 如有貽弊之事, 則自廟堂, 並其官員, 隨現糾正, 何如?" 依允.

1. 의금부에 옥패가 있어서, 무릇 삼법사(三法司)에서 단속 나가는 시각에 반드시 의금부에 첩정[198]으로 보고하고, 그러면 의금부에서는 단속 나가는 금리(禁吏)를 옥패로써 규찰하였다. 삼법사의 금리가 시각을 어기면, 그 금리를 가두고 조지서[199]에서 도역[200]을 시켰다. 임진왜란 때에 옥패를 잃은 까닭에 그대로 폐지하였다.

一. 郎廳赴公出入, 羅將前導, 無端中廢. 至孝宗壬辰, 本府堂上草記, 郎廳所帶羅將跟隨者, 旣非古例, 且非王府體貌尊嚴之意, 自今郎廳所帶羅將, 復古例前導事, 允下矣. 近復廢却不行.

2. 낭청이 공무를 보려고 출입할 때에는 나장이 앞에서 길을 인도하였는데, 이유도 없이 중간에 폐지되었다. 1652년(효종 3)에 이르러 의금부 당상관이 초기하여, 낭청이 대동하는 나장이 뒤에서 따라가는 것은 이미 고례(古例)도 아니고 의금부의 체면이 존엄하다는 의미도 아니니 지금부터 낭청이 대동하는 나장은 고례를 회복하여 앞에서 길을 인도하는 것으로 윤허하셨다.[201] 근래 다시 폐지하여 행하지 않는다.

一. 府內有左右層肆, 兵亂後廢之.

3. 의금부 내에 좌·우 푸줏간이 있었는데, 병란(왜란과 호란) 후에 없앴다.

一. 回公都事乘驛馬, 中間因兵曹啓辭廢之.

4. 회공[202]하는 도사가 역마를 타던 것[203]은 중간에 병조에서 아뢰어 폐지하였다.

一. 本府郎廳一員, 例兼禁火司別坐, 中間革罷, 以巡將代察, 而燒火手本, 則各契至

198. 牒呈: 하급 관청에서 상급 관청에 보고하는 공문서. 상급 관청에서 하급 관청으로 보내거나 동등한 관청끼리 주고받는 공문서는 關 또는 關文이라고 하였다.
199. 造紙署: 종이 만드는 일을 담당하던 관청.
200. 徒役: 徒刑의 役.
201. 《承政院日記》 효종 3년(1652) 7월 18일⑨ 참조.
202. 回公: 公事에 관련된 문서를 당상관들에게 회람하게 하는 일.
203. 《承政院日記》 영조 39년(1763) 5월 14일㉑에서 그 예를 찾을 수 있다.

今呈于本府.

5. 의금부 낭청 1원이 수성금화사 별좌를 예겸(例兼)하였는데,[204] 중간에 혁파하고 순장[205]이 대신 맡게 하였으며, 불에 탔다는 수본[206]은 지금까지 (한성부 5부의) 각 계(契)에서 의금부에 제출한다.

一. 當直古有登聞鼓, 而未知廢自何時.

6. 옛날에 당직청에 신문고가 있었으나,[207] 언제부터 없어졌는지 모른다.

一. 郎廳之除拜外任者, 古有禮木八兩, 而今則革罷.

7. 낭청이 지방관에 제수되면 예전에는 예목 8냥이 있었는데 지금은 혁파되었다.

一. 天使往來時, 本府郎廳一員, 差儺禮廳郎廳作軒架矣, 今皆革罷, 謄錄至今在府.

8. 중국 사신이 왕래할 때에 의금부 낭청 1원이 나례청[208]의 낭청으로 차출되어 감독하였다.[209] 지금은 모두 혁파하였는데, 등록이 지금도 의금부에 있다.

---

204. 《經國大典》〈吏典〉[京官職/正四品衙門/修城禁火司]: 兼別坐六員; 四, 義禁府經歷·兵曹刑曹·工曹正郎, 各一員.

205. 巡將: 정3품 당상 문무관으로 밤에 서울 도성을 순찰하는 임무를 담당하였다.

206. 手本: 하관이 직속상관에게 자필로 쓴 보고서.

207. 《經國大典》〈刑典〉[訴冤]: 訴冤抑者, 京則呈主掌官, 外則呈觀察使, 猶有冤抑, 告司憲府, 又有冤抑則擊申聞鼓＜鼓在義禁府當直廳＞.

208. 儺禮廳: 민가와 궁중에서 음력 섣달 그믐날 밤에 잡귀를 쫓기 위하여 베풀던 의식인 儺禮를 위해 임시로 설치한 관청.

209. 나례 준비를 감독한 기관은 의금부와 군기시였다. 나례는 반드시 중국 사신이 올 때에만 행한 것은 아니고 임금이 구경하기 위하여 행하기도 하였으니, 《世宗實錄》 세종 16년(1434) 12월 25일①에서 그 예를 찾을 수 있다. 중국 사신에게 보여 주기 위한 나례의 준비를 감독할 것을 의금부 및 군기시에 지시한 사례로는 《光海君日記》 광해군 12년(1620) 12월 22일③이 있다. 한편 나례 준비를 의금부 낭청이 감독하였음은 《文宗實錄》 문종 2년(1452) 4월 11일③에서 확인할 수 있다.

二九. 追錄

一. 上下兵房, 親率羅將, 逐朔習杖, 乃是古規. 羅將四番中, 抄出有膽力者, 各五人合二十名, 每月十五日<有故則退以六日七日>, 上下兵房率往僻處, 看檢習杖, 而雖値兵房入直之時, 次次須資, 無得違越事.[210] [甲子完議]

1. 상병방과 하병방이 직접 나장들을 거느리고 달마다 장 집행 연습을 하는 것이 오래된 규정이다. 나장의 4개 교대조에서 담력이 있는 자 각 5인 합 20명을 뽑아서 매월 15일<사정이 있으면 16일이나 17일로 물림>에 상병방과 하병방이 후미진 곳에 거느리고 가서 장 집행 연습을 감독하며, 병방이 입직하는 때에도 순번에 따라 입직을 바꾸어, (연습을) 건너뛰지 말라. [갑자년(1804년)의 완의]

一. 曾經二品官夫人, 若有鳴寃之事, 則親呈上言于當直. 當直送言于本府, 本府回鑑諸堂後, 還送于當直, 則當直郎廳, 親呈政院事.

2. 전직 2품 (이상) 관원의 부인이 원통한 일이 있으면 직접 당직청에 상언을 올린다. 당직청에서는 의금부에 상언을 보내고, 의금부에서 여러 당상관에게 회람시킨 뒤에 당직청에 돌려보내면, 당직청 입직 낭청이 직접 승정원에 올린다.

一. 曹司中, 免新當次之員, 或有出使相換之事, 而相換日子, 若在免新日限前, 則復命後廳中齊會, 當直·免新·分帖等事, 依例爲之, 仍書先生案事.

3. 조사 가운데 면신할 차례가 된[211] 인원이 지방 출장을 교대할 일이 있고 교대하는 날짜가 면신하는 날 이전이면, 복명한 후에 청중에 제회하여 당직청 입직,[212] 면신, 분첩 등의 일을 관례에 따라 하고 선생안에 올린다.

---

210. 《六典條例》〈刑典〉[義禁府/總例]: 一都事及曹司都事 每月十五日 或有故則以六日七日 率羅將二十五名 往于僻處 看檢習杖.

211. 出官은 하였으나 免新은 하기 전이란 뜻. 즉 1신·2신 등으로 불리는 단계에 있다는 뜻이다. [許參] 참조.

212. '당직청 입직'은 做度를 가리키는 것 같다.

一. 親鞫時帳殿出使之際，無論別刑房·文書色，一從口傳，次次奉命，而或有堂上越次指名差送之擧，則廳中據例爭執，而當次不去者，亦宜引義自處，不敢晏然行公事.213

4. 친국이 있어 장전(帳殿)214에 출장 갈 때에는 별형방과 문서빗을 가리지 않고 모두 임명된 순서에 따라 순차로 명을 받든다. 혹여 당상관이 순서를 건너뛰고 지명하여 차출해 보내는 일이 있으면 청중에서 관례에 의거하여 쟁집(爭執)하며, 순서가 되었는데 가지 않는 자도 마땅히 의리에 맞게 자체적으로 처리하여 감히 적당히 공무를 수행하지 않는다.

一. 別刑房·文書色，若皆以右位劃出，則下位之出使當次之員，盡爲待令於帳外事.

5. 별형방과 문서빗에 모두 우위를 획출하면, 하위로서 출장 갈 차례가 된 인원은 모두 장막 밖에서 대령한다.

一. 時囚，若於郎廳，爲親父兄·內外三寸·妻父，則兩處入直文書擧行之際，事體有碍，雖新位，自廳中從口傳，推移須資事.

6. 갇혀 있는 자가 낭청에게 친아버지·형·백숙부·외삼촌·장인이면, 본부와 당직청에 입직하면서 문서를 거행할 때에 사리와 체면에 장애가 있으니, 비록 신위라도 청중에서 임명 순서에 따라 다음 순번의 낭청과 입직을 바꿔 준다.

一. 本府上經歷封祟，自是國朝古規. 且專檢一府，而爲郎席之長，則不可暫曠，故如有遞易之事，則諸郎齊會，圈點免新經歷中，從公議，卽爲就坐，亦是前例. 而每當封祟當次之員，間或以頒赦尊號賀箋等事，有規避相持之弊，以致一廳紛紜，事體乖損，聽聞有碍. 此等戱謔，非但流來傳規，亦是風流好事，則決不可廢者. 從今爲式，諸員圈點之後，準點之員，趁卽就坐，勿生圖避之計. 必欲圖避，則卽爲不仕，而廳中亦卽捧納停當，俾免首席之久曠一廳之紛紜事.

7. 의금부에서 (선생 중에서) 상경력으로 봉숭함은 우리의 오랜 규정이다. 또 의

---

213. [出使] §3 참조.

214. 帳殿: 임금이 앉도록 임시로 꾸민 자리.

금부 전체를 홀로 규찰하고 낭청들의 수장인즉 잠시도 비워 둘 수 없으므로, 교체[215]되는 일이 있으면 여러 낭청이 제회하여 면신한 경력 중에서 권점하여 공의(公議)에 따라 즉시 취임함이 또한 전례(前例)[216]다. 그러나 봉숭할 때에 해당되는 인원이 간혹 사면을 하거나 존호를 올리거나 하례하는 전문을 올리는 것 등의 일로써 회피하려고 고집을 부리는 폐해[217]가 있어서 관청이 어지러워지게 되니, 사리와 체면이 손상되며 들리는 말이 귀에 거슬린다. 이러한 희학(戱謔)은 단지 전해 내려온 내규일 뿐 아니라 풍류의 좋은 일이기도 한즉 결코 폐지해서는 안 된다. 지금부터 법식으로 하여 여러 인원이 권점한 뒤에는 추천된 인원이 (공의에) 따라 즉시 취임하고 회피하려는 꾀를 내지 말아야 한다. 반드시 회피하려고 하면 즉시 사퇴하고 청중에서도 사리에 맞는 것[停當]은 즉시 받아들여서, 수장의 자리가 오래도록 비고 관청이 어지러워짐을 방지한다.

一. 鞫廳出使自下達上, 平時出使時自上達下, 自是廳中前規, 而或因右位不欲出去, 且或下位中情勢之衆所共知, 則右位亦或許之, 故堂上前劃出之時, 禮吏必以某都事當差事稟白而劃出矣. 近或不待右位之推許, 而越位劃出者, 誠是謬規之甚, 亦不無紛爭之弊. 自今以後, 一依廳規, 鞫廳出使自下達上, 平時出使則自上達下事, 禮吏預稟堂上前, 以爲依例差送之地. 此後如有越位圖差及當次圖免者, 則廳中使之不仕事.[218]

8. 국청에서 출장 가는 것은 (그 순서를) 아래에서부터 위로, 평시에 출장 가는 것은 (그 순서를) 위에서부터 아래로 함이 청중의 옛 규례인데, 우위가 나가지 않으려고 해서 또는 하위인 자에게 사정이 있음을 뭇 사람들이 알면 우위가 또한 허락해 주기도 하는 까닭에, 당상관 앞에서 획출할 때에 예리가 반드

215. '교체'는 현재의 상경력을 일반 경력으로 하고 다른 경력 중에서 상경력을 새로 뽑는다는 의미가 아니라, 현재의 상경력이 다른 관직에 제수되거나 파면되는 것을 말한다.
216. [封崇] §2 참조.
217. [封崇] §3 참조.
218. 《六典條例》〈刑典〉 [義禁府/總例]: 平時出使自上達下 鞫廳出使自下達上 當次都事 或有厭避推諉之事 草記論罪.

시 아무개 도사가 차출되도록 아뢰어 획출한다. 근래 우위의 승낙을 기다리지 않고 서열을 건너뛰어 획출하기도 하는 것은 진실로 그릇된 관행[謬規]이 심한 것이며, 분쟁의 폐해도 없지 않다. 지금부터는 모두 관청의 규례에 따라 국청에서 출장 가는 것은 (그 순서를) 아래에서부터 위로, 평시에 출장 가는 것은 (그 순서를) 위에서부터 아래로 하며, (이를) 예리가 당상관에게 미리 아룀으로써, 관례에 따라 차출하여 보낸다. 이후 만약 서열을 건너뛰어 차출되거나 차례가 되었는데 면하려고 꾀하는 자가 있으면, 청중에서 그를 사퇴시킨다.

一. 親鞫時當差之員, 或有離次規避之擧, 至有右位越次出仕之弊. 自今爲始, 當次下位, 必近伏帳殿, 以待出使, 而次次擧行, 俾無換差事.

9. 친국할 때에 차출되는 인원이 가끔 순서를 바꾸어 회피하는 짓을 하여, 우위가 순서를 건너뛰어 근무하러 가는 폐해가 있게 된다. 지금부터는 차례가 된 하위가 반드시 장전 가까이에 엎드려서 출장 갈 것을 기다리다가 순서대로 나가고, 바뀌어 차출되지 않도록 한다.

一. 上經歷之不許出使, 自是廳規. 此盖廳中首任, 不可一時暫曠, 以備自上顧問之意. 自今以後, 上經歷雖欲出使取便, 切勿許施事.

10. 상경력의 지방출장을 불허하는 것이 관청의 규례다.[219] 이는 대개 관청의 수석은 잠시라도 비워 두지 못하게 하여 임금의 자문에 대비하려는 것이다. 지금부터는 상경력이 비록 지방에 출장 가서 편해지고자 하여도 절대로 허락하지 않는다.

一. 金吾自是尊先生衙門. 而近來羅卒輩, 悍頑轉甚, 司員一遞之後, 視若路人, 少無畏憚之意. 自今爲始, 羅卒輩或有犯罪於先生之事, 或入府治汰, 或作牌除名, 而禮吏以此告課廳中. 先生不許復屬之前, 雖値府中有事之日, 時任司員, 不得任意

219. 封崇 §11 참조.

復屬, 以存體統事<此亦中羅將輩, 或爭出使, 或避鞫廳時苦役, 暗囑先生, 不無圖得除名之弊, 此則竣事後施行>.

11. 의금부는 원래 선생을 존중하는 아문이다. 그런데 근래 나졸 무리의 사납고 버릇없음이 점점 심해져서, 낭청이 한 번 교체된 뒤로는 행인처럼 보고 조금도 두려워하거나 꺼리는 마음이 없다. 지금부터 나졸 무리가 혹여 선생에게 무례를 범하는 일이 있으면, 의금부에 들어가 벌하고 쫓아내거나 패를 만들어 제명하며, 예리가 이를 청중에 보고한다. 선생이 (나졸의) 복귀를 허락하기 전에는 비록 의금부에 일이 있더라도 현직 낭청이 함부로 복귀시킬 수 없도록 하여 체통을 세운다<이 중에 나장 무리가 출장 가지 않으려 하거나 국청이 열렸을 때의 힘든 일을 피하려고 선생에게 몰래 부탁하여 제명되려고 꾀하는 폐해가 없지 않으니, 이런 경우에는 일이 끝난 뒤에 들어줌>.

一. 自今以後, 勿論參上·參下·吏, 批擬望差出, 則一從吏曹望次, 以定座次, 本府草記相換, 則一從本府草記次序施行事<無論相換·差代, 次序本府草記施行事>.

12. 지금부터 참상관·참하관·아전을 막론하고 의망[220]으로 차출되는 자는 모두 이조의 천거 순위[望次]에 따라 좌차를 정하고, 의금부에서 초기하여 (천거 순위를) 바꾸면 모두 의금부에서 초기한 순위에 따라 시행한다<원래 의망된 사람들끼리 바꿨는지 다른 사람으로 대체했는지를 막론하고 순위는 의금부의 초기대로 함>.

一. 出使一節, 以從口傳差出之規, 載在廳憲, 而中間有劃出之擧, 轉成謬例, 致有廳中紛挐之弊, 每當急遽之時, 輒致往復間遲滯生事之患, 故前後堂郎, 爛熳相議, 以爲復舊例之地故, 更申條約. 從今以後, 緩急出使, 一從口傳自上達下自下達上之法, 而如有臨時圖避之事, 則廳中一從舊典不仕事.

13. 출장은 임명된 순서에 따라 차출한다는 규정은 청헌에 실려 있는데,[221] 중간에 획출한 일이 있었다가 (이것이) 그릇된 관례가 되어 청중에서 분란이 있기

220. 擬望: 임금에게 후보자 명단을 올리던 일. 보통 3명의 후보자를 올리면 임금이 이 중 1명의 이름에 落點하였다.
221. §8 참조.

에 이르렀으며, 급작스러운 시기를 당할 때마다 문서가 오가면서 지체되고 말썽이 생기게 되는 까닭에 전후의 당상관과 낭청이 충분히 상의하여 옛 관례를 복구하였으므로, 약조 내용을 다시 되풀이한다. 지금부터는 느슨하고 급한 (때의) 출장은 (그 차례를) 모두 임명된 순서에 따라 위에서부터 아래로 또는 아래에서부터 위로 함을 법식으로 하고, 만약 (출장 갈) 때를 맞아 회피하려고 하면 청중에서 모두 옛 법에 따라 사퇴시킨다.

一. 每於擧動時, 勿論導駕·駕後·假當直·挾輦等, 各差備中, 或有生事之患, 則考喧擔當, 而考喧之中, 右考喧擔當者, 三百年不易之古規. 而或當各差備有事之時, 不無違古例生事之患, 故如是立議. 從今以後, 一遵古規, 各差備中生事之時, 右考喧專爲擔當, 或有推諉規避之擧, 則廳中一從舊典不仕事.[222]

14. 거둥할 때마다 도가·가후·가당직·협련 등을 불문하고 (이들) 각 차비관(差備官) 중에서 혹여 말썽을 일으키면 고훤이 (처분을) 담당하는데 고훤 중에서도 우고훤이 담당함은 300년 동안 바뀌지 않은 규정이다. 그러나 각 차비가 사정이 있는 때에는 오래된 규정을 어기고 말썽을 일으킴이 없지 않았기 때문에 이와 같이 의논하여 정하였다. 지금부터는 일률적으로 오래된 규정을 준수하여, 각 차비 중에서 말썽을 일으킬 때에는 우고훤이 오로지 담당하며, 미루고 회피하는 짓을 하면 청중에서 한결같이 옛 법에 따라 사퇴시킨다.

一. 本府長房, 乃是郎廳先生就理時所處之地, 故雖曾經堂上, 不得許入矣. 其後堂郎相議, 曾經堂上就理時亦爲入處長房之意, 完議. 而近來廳風丕變, 法不如古, 雖非堂郎先生, 拘於顔面, 間多有許入之弊, 此實大損廳規. 今因傳敎, 堂上先生之法, 旣已永革, 則凡他時囚之冒入, 尤非可論. 從今以往, 切勿許入事.[223]

15. 의금부의 장방은 낭청 선생이 심리를 받을 때에 머무는 곳이므로, 비록 전직 당상관이라도 입장을 허락할 수 없다. 그 후에 당상관과 낭청이 상의하여 전

---

222. 《六典條例》〈刑典〉[義禁府/總例]: 幸行時 右考喧當次都事若有故 則必啓請相換. 《六典條例》의 규정에는 우고훤의 임무가 명시되어 있지는 않으나, 특히 중요한 임무를 띠었음을 추측할 수는 있다고 하겠다.

223. [長房] §1 참조.

직 당상관이 심리를 받을 때에도 장방에 들어가 머문다는 취지로 완의하였다. 그러나 근래 관청의 기풍이 크게 변하고 법이 예전 같지 않아서 비록 당상관·낭청 선생이 아닐지라도 인정에 구애되어 가끔 입장을 허락하는 폐해가 많이 있었으니 이는 실로 관청의 규례를 크게 훼손한 것이다. 지금은 전교[224]로 당상관·낭청 선생의 규정이 영구히 혁파되었으니, 무릇 다른—선생이 아닌—시수(時囚)가 함부로 들어감은 더욱 논할 수 없다. 지금부터는 절대로 입장을 허락하지 않는다.

一. 己未完議中, 郎廳先生子弟, 出官免新減日之法, 乃所以尊先生加待之道, 而姪與婿無擧論, 實爲欠典. 自今以後, 先生子婿弟姪中, 叅上則四十日而行出官禮, 又四十日而行免新禮, 以除十日之役, 叅下則二朔半出官, 又二朔半免新, 以除一朔之役事.

16. 기미년(1739년)의 완의[225] 가운데 낭청 선생의 아들·아우에게 출관과 면신에서 (필요한) 일수(日數)를 감해 주는 규정은 선생을 존중하고 더욱 대접하기 위한 도리인데, 조카와 사위는 거론하지 않았으니 실로 규정이 없는 것이다. 지금부터 선생의 아들·사위·아우·조카 중에 참상관은 40일에 출관례를, 또 40일에 면신례를 거행하여 10일의 역(役)을 덜며, 참하관은 2개월 반에 출관, 또 2개월 반에 면신하여 1개월의 역을 덜어 준다.

一. 今有各司久任郎廳入侍之命, 而本府亦入於丁未年備局抄啓中, 曾無一次入侍之事, 故初無久任劃出之擧, 臨時推諉, 殊欠穩當. 自今, 工奴色定以掌務官名色, 或有久任入侍之命, 則以爲擧行之地事. [戊戌完議]

17. 지금 각 관사의 구임 낭청[226]이 입시(入侍)하라는 명이 있고 의금부도 정미년(1727년)의 비변사 초계(抄啓)[227]에 들어 있지만, 일찍이 한 번도 입시한 일

224. 《承政院日記》 영조 43년(1767) 9월 29일㉟ 참조.

225. [先生] §7 참조.

226. 久任郎廳: 정기인사에 관계없이 한 관청에서 장기간 근무하는 당하관. 《經國大典》 〈吏典〉에는 여러 관청에서 1명 또는 2명의 당하관은 久任官으로 정하였다. 《續大典》 〈吏典〉 [考課]에는 각 관청의 구임관은 다른 관청으로 옮기지 못하도록 규정하면서 구임의 기간을 30개월 이내로 하였다.

이 없는 까닭에 애당초 구임관을 획출한 적이 없고 그때그때 떠넘기니, 특히 나 온당치 못하다. 지금부터 공방과 노비빗을 장무관(掌務官)이란 명색으로 정하여, 구임관이 입시하라는 명이 있으면 거행하도록 한다. [무술년(1778년)의 완의]

一. 右下位從口傳定次之法, 盖由參下都事無肅謝之故也. 而一自序陞變通之後, 參下亦有肅謝之例, 故出官免新, 亦自肅謝日始計, 則右下之次, 不可尼於古規而只從口傳之規. 自今以後, 右下位, 以肅謝先後之次, 而同爲肅謝者, 依古規從口傳之次事<重來則勿拘此例, 依前座次施行>.[228] [甲寅完議]

18. 임명된 순서에 따라 우위와 하위의 서열을 정하는 규범은 대개 참하관 도사에게 사은숙배가 없는[229] 까닭에 연유한다. 그러나 일단 서승[230]하도록 변경한 뒤로는 참하관도 사은숙배하는 관례가 생겨서, 출관과 면신도 사은숙배한 날부터 (날짜를) 세기 시작하니, 우위와 하위의 서열을 옛 규정에 얽매여 임명 순서로 정하는 규례에 따르기만 해서는 안 된다. 지금부터 우위와 하위는 사은숙배의 선후로써 정하고, 같이 사은숙배한 자는 옛 규정에 의하여 임명의 선후에 따른다＜중래는 이 예(例)에 구애되지 말고 이전의 좌차에 의하여 시행함＞. [갑인년(1794년)의 완의]

一. 本府之有罰禮古也. 以飮食相罰者, 非爲醉飽也, 善謔於盃盤之間, 以助讙笑, 而寓戒飭也. 法久而弊生, 一卓變而至於各卓, 以至有出官免新時飮食之廢却. 且所謂罰禮不一其名, 而新入之費, 動至百餘金, 此豈古人創出是禮之本意也哉. 玆議諸僚, 參互舊例, 一以存廳中之規, 一以矯近俗之弊. 庶幾爲法, 後來永久遵行事.

19. 의금부에 벌례가 있은 지 오래되었다. 음식으로써 서로 벌하는 것은 취하고

227. 《承政院日記》 영조 3년(1727) 12월 25일㉘을 보면, 영의정 이광좌가 며칠 전에 久任人員을 抄啓하면서 선혜청 낭청을 당연히 넣어야 하는데 누락하였음을 말하고 있다. 정미년의 비변사 抄啓는 이것을 가리키는 듯하다.

228. [座次] §1 참조.

229. [入仕] §1 참조.

230. 序陞: 참하관(7~9품)은 450일, 6품 이상의 당하관은 900일의 근무 일수를 채우면 官階를 올릴 수 있었는데, 이렇게 근무 일수를 채워 관계가 오르는 것. 序陞의 제도가 의금부에도 마련되었음을 《大典會通》에서 확인할 수 있다. 《大典會通》〈吏典〉 [京官職/從一品衙門/義禁府]: 參外 依奉事例 序陞七品.

배부르기 위해서가 아니라, 술잔을 주고받으며 사이좋게 농담을 함으로써 즐거운 분위기도 조성하고 더불어 훈계하기도 한다. (그러나) 법이 오래되면 폐해가 생기니, 하나의 상이 변하여 독상(獨床)이 됨으로써 출관이나 면신을 할 때의 음식을 폐지하기에 이르렀다. 또 이른바 벌례는 그 이름이 하나가 아니니, 신입의 부담이 100여 금에 달한다. 이 어찌 옛사람이 이 예(禮)를 창출한 본뜻이겠는가? 이에 여러 관료와 논의하여 옛 관례를 참작하여, 한편으로는 관청의 내규를 세우고(보전하고) 한편으로는 요즘 풍속의 폐해를 바로잡는다. 바라건대 (이를) 모범으로 삼아 앞으로 영구히 준행한다.

一. 出官前本無中罰, 只有大罰二, 一則曰, 新入金吾未諳廳規也, 一則曰, 高臥當直傲視右位也. 以此施行, 餘並除之事.[231]

20. 출관 전에는 본래 중벌이 없고 다만 대벌이 둘 있으니, 하나는 신입이 아직 관청의 내규를 외지(알지) 못하는 것이고, 하나는 당직청에서 목에 힘주고 선임을 오만한 태도로 보는 것이다. 이것들로 (벌례를) 시행하고 나머지는 모두 없앤다.

一. 出官時所入, 限以大大罰禮. 使羅將設辦兩卓, 廳中齊會時進呈事.

21. 출관할 때의 비용은 대대벌에 한정한다. 나장에게 두 개의 상을 차리게 하여 청중에 제회하였을 때에 대접한다.

一. 出官時書吏廳一兩半, 廳直庫直處合一兩, 羅將房一兩半, 各位奴子處一兩半. 此則依近禮施行. 至於肅謝時各位奴子處例給錢, 則依舊例以一兩定式事.

22. 출관할 때에 서리청에 1냥 반, 청지기와 고지기에게 합 1냥, 나방장에 1냥 반, 각위의 종에게 (합) 1냥 반이다. 이는 요즘의 예(禮)에 의하여 시행한다. 사은숙배할 때 각위의 종에게 관례상 지급하는 돈은 구례(舊例)에 의하여 1냥을 법식으로 정한다.

231. [入仕] §3 참조.

一. 免新前本無元定罰名, 而近來有廳風廳規愈往愈昧. 免新不遠, 自有例罰之兩名色, 今亦以此定式, 而並以中罰禮施行. 其外免新草草等罰名, 一並除之事.

23. 면신하기 전에는 원래 정해진 벌명(罰名)이 본래 없으나, 근래 관청의 기풍과 내규가 갈수록 퇴보하고 있다. 면신이 멀지 않으면 원래 관례적 벌례의 두 가지 이름이 있으니, 지금 또한 이것들을 정식으로 하며 모두 중벌로써 시행한다. 그 외 면신초초[232] 등의 벌명은 모두 없앤다.

一. 免新時, 又以大大罰禮. 使羅將設辦兩卓, 一依出官例, 廳中齊會時進呈事.

24. 면신할 때에 또 대대벌을 거행한다. 나장에게 두 개의 상을 차리게 하고 출관의 예와 똑같이 청중에 제회하였을 때에 대접한다.

一. 免新時, 書吏廳一兩半, 廳直庫直處合一兩, 羅將房一兩半, 各位奴子處一兩半, 並依出官例施行事<當直書吏·當直大廳直, 勤苦旣多, 朔料甚薄, 依本府大廳直例, 出官免新時, 各五錢式合一兩式, 以元罰例中錢中上下事>. [丙申二月日]

25. 면신할 때에 서리청에 1냥 반, 청지기와 고지기에게 합 1냥, 나장방에 1냥 반, 각위의 종에게 (합) 1냥 반으로, 모두 출관의 예에 의하여 시행한다<당직청 서리와 당직청 대청지기는 근로와 고생은 많으면서 월급[朔料][233]은 매우 박하니, 의금부 대청지기의 예에 의하여 출관 및 면신을 할 때에 각각 5전씩 합 1냥씩을 본래 벌례의 돈 중에서 내줌>. [병신년(1776년) 2월]

一. 一次輪回之罰, 古亦行之. 此則毋論出官與免新前後大中罰間, 一次施行事.

26. 옛날에는 한 번 윤회하는 벌[234]도 행하였다. 이것은 출관과 면신 전후의 대·중벌 사이를 불문하고 1회 시행하였다.

---

232. 免新草草: [罰例記]의 免新草價와 같은 것으로 생각된다.

233. 朔料: 관원의 급여는 祿 또는 祿俸이라 하고 서리 이하에 대하여는 料라 하였다. 매월 주므로 朔料라 하였다.

234. 윤회의 의미가 무엇인지 알 수 없으나, 新位 등이 직접 쭉 돌면서 서리나 청지기 등에게 일일이 돈을 지급하는 罰例일 것으로 생각된다.

一. 僚員中, 家力貧素不可辦此者, 則古亦有一壺酒一器肴白面許免之例. 此則臨時相議事.

27. 관료들 중에 집안이 가난하여 이(벌례)를 행하지 못하는 자는 옛날에는 술 한 병과 안주 한 그릇, 흰 국수로 면신을 허락하는 예도 있었다. 이는 그때그때 상의한다.

一. 出官免新及諸罰禮之以雜物進呈, 實非古規, 今宜悉復舊例, 一以飮食設辦. 而若自其家設辦, 則恐不無善不善是非之端. 又況僚員中, 或有家眷在鄕者, 器具不逮者, 難以一例責之. 一並使羅將設辦以納, 而亦依舊例, 勿用各床, 悉以一卓進呈. 至於出官免新段, 有異於例罰, 以兩卓施行事.

28. 출관과 면신 및 여러 벌례에 잡다한 물건으로 대접함은 진실로 고규(古規)가 아니니, 지금 마땅히 모두 구례(舊例)를 회복해야 하며, 한결같이 음식을 마련한다. 그런데 자기 집에서 마련해 오면, 아마도 좋으니 나쁘니 시비하는 단서가 없지 않을 것이다. 또 하물며 관료 중에는 가족이 시골에 있거나 그릇이 부족한 자가 있어서 일률적으로 책임지게 하기가 어렵다. 모두 나장이 마련하여 바치게 하고, 또한 구례에 의하여 독상을 사용하지 말고 다 하나의 상으로 대접한다. 출관과 면신은 다른 벌례들과 다르니, 두 개의 상으로 거행한다.

一. 出官前則大罰禮施行, 免新前則中罰禮施行, 以存等殺事.[235]

29. 출관하기 전에는 대벌을, 면신하기 전에는 중벌을 거행함으로써 (출관과 면신에) 차등을 둔다.

一. 此外操切糾檢及詼諧等罰, 隨時議定事.

30. 나머지 신위 단속,[236] 규검[237] 및 농담으로 놀리기 등에 관한 벌은 수시로 의논하여 정한다.

---

235. §20 및 §23 참조.
236. [操切] 참조.
237. [糾檢] 참조.

一. 得三曹司而來者, 未免新前, 或入直於本府, 則計減於本府做度日子, 或入直於當直, 則計減於當直做度日子. 若隨行於交代, 則計減於本府做度日. 若或入直於當直及本府時, 有後來新位, 則雖一兩日入直, 當直則蕩減當直做度, 本府則蕩減本府做度. 重來亦然事.[238] [丙子完議]

31. 3조사를 얻어서 온 자가 면신하기 전에 본부에 입직하면 본부에 주도하는 날의 수에서 빼고, 당직청에 입직하면 당직청에 주도하는 날의 수에서 뺀다. 만약 교대에게 수행(隨行)하였으면 본부에 주도하는 날의 수에서 뺀다. 혹여 당직청이나 본부에 입직할 때에 후배 신위가 있으면, 비록 하루 이틀 입직하였을지라도 당직청이면 당직청의 주도를 탕감하고, 본부이면 본부의 주도를 탕감한다. 중래도 그러하다. [병자년(1816년)의 완의]

(附)工房節目

一. 府用之敷與不敷, 專係於目下之節與不節, 而一任下輩之中間舞弄者, 實是弊源. 自今爲始, 嚴立科條, 切勿違越, 永久遵行事.

1. 의금부의 예산이 풍족한가 못한가는 오로지 지금 절약하느냐 않느냐에 달려 있는데, 아랫사람들에게 일임하여 중간에 농단케 하는 것이 실로 폐해의 근원이다. 지금부터는 비목을 엄격히 세워 절대로 위반하지 말고 영구히 준행한다.

一. 每年稅錢之幾處幾數, 給代錢之爲幾何, 鋪陳債之幾處幾何, 舊贖捧上之幾何, 每朔贖錢之幾何, 筆債來付之爲幾何, 逐條査實, 消詳區別, 修成冊踏印置之直所, 色郎廳, 這這親執考閱捧上, 俾無中間消融之弊事.

2. 매년 세전(稅錢)을 어느 곳에서 얼마만큼 거둘지, 급대전(給代錢: 대가로 지급하는 돈)을 얼마로 할지, 포진채(鋪陳債)를 어느 곳에 얼마나 줄지, 구속(舊贖)은

238. [上直] §4 참조.

얼마나 바칠지, 매월 속전은 얼마나 거둘지, 붓 값으로 오는 것은 얼마로 할지 조목별로 실태조사를 하여 소상히 구별하여, 정리하여 책으로 만들고 인장을 찍어 입직하는 곳에 두며, 담당 낭청이 낱낱이 직접 살펴보고 바쳐서, 중간에 다 써 버리는 폐해가 없게 한다.

一. 每有捧上時, 該掌羅將, 捧納於工房書吏, 置一樻子於長房, 一一入樻儲蓄而開金, 則該掌書吏捧受. 每月二十五日, 色郞廳, 躬親分給於各項應用處及員役等朔下, 而二十五日若値公私故, 退定晦日事.

3. 봉상(捧上)이 있을 때마다 담당 나장이 공방 서리에게 바치고, 장방에 궤짝을 하나 두고 일일이 궤에 넣어 쌓아서 자물쇠를 채워 두면, 담당 서리[239]가 접수한다. 매월 25일에 담당 낭청이 몸소 각 항목 집행 경비 및 아전 등의 삭하(朔下)에 나눠 지급하며, 25일에 공적·사적인 사유가 있으면 물려서 그믐날로 정한다.

一. 該掌羅將之趁未捧納, 任自稱貸, 該吏之中間預下, 欺蔽官家, 一切嚴禁, 而每五日卯酉仕及不時坐起時, 現發於親摘奸, 則嚴杖汰去, 永勿復屬, 斷不饒貸事.

4. 담당 나장이 제때 바치지 아니하고 임의로 이자놀이를 하거나 담당 서리가 중간에 미리 내주어 관가(官家)를 기만함을 일절 엄히 금하며, 5일·15일·25일 근무할 때[卯仕酉罷] 및 불시에 좌기할 때에 (낭청이) 직접 조사하여 발각되면 장100을 쳐서 내쫓고 영구히 복귀시키지 않으며, 결단코 용서하지 않는다.

一. 除非經夜公故外, 堂郞行下, 依前節目, 永勿擧論事.

5. 밤을 새거나 공적인 사유[公故][240]를 제외하고는 당상관과 낭청에게 가외로 돈을 주는 것은 이전의 절목에 의하여 영구히 거론하지 않는다.

一. 該色加入時, 則雖朔下勿爲擧論, 而逐朔報給, 俾無積債之弊事. [庚辰完議]

239. [完議]에 따르면 禮吏, 즉 禮房書吏인 것 같다([完議] §14 참조).
240. 公故: 試官이나 祭官으로 임명된 경우, 내의원 提調로서 入侍하는 경우 등.

6. 해당 빗에 가입시킬 때에는, 비록 삭하는 거론하지 않더라도 달마다 보수[朔料]를 지급하여 연체되는 폐해가 없게 한다. [경진년(1820년)의 완의]

三十. 完議

一. 本府當直之不可一刻暫曠, 非但爲番次爲重, 盖由乎嚴急之地, 而不得不乃爾也. 近或有堂郎間相避之事, 則急於免直, 罔念事體, 不待新除之肅謝, 妄生徑出之計. 若此不已, 則後來之弊, 有不可言. 一遵舊式, 毋論堂郎, 待其出肅, 先以不仕之意, 知委於禮吏, 從口傳次次面看交替之後, 始呈不仕狀. 如是完議之後, 若有冒犯者, 廳中卽刻一會論稟堂上, 以爲草記勘罪之地事<嫌避同>.

1. 의금부와 당직청을 잠시도 비워 둘 수 없음은 입직이 중요하기 때문만이 아니라, 대개 (의금부가) 매우 급한 곳이기 때문에 부득불 그러한 것일 따름이다. 근래 혹여 당상관과 낭청 사이에 상피[241]할 일이 있으면 입직을 면제받는 것에 급급하여 사리와 체면을 생각하지 않고 새로 제수된 자의 사은숙배를 기다리지 않고 망령되이 서둘러 나가려는 꾀를 낸다. 이와 같음이 그치지 않으면 뒤따르는 폐단은 말할 수가 없다. 한결같이 옛 법식을 준수하여, 당상관과 낭청을 불문하고 (새로 제수된 자의) 사은숙배를 기다려 먼저 '불사(不仕)'의 뜻을 예리에게 알리고, 임명된 순서에 따라 순차적으로 얼굴을 맞대고 교체한 뒤에, 비로소 사직서를 올린다. 이처럼 완의한 뒤에 함부로 위반하는 자가 있으면, 청중에서 즉각 한데 모여 의논하고 당상관에게 아룀으로써, 초기하여 죄를 다스린다＜피협[242]도 같음＞.

---

241. 相避: 일정 범위 내의 친족이 같은 관청에 함께 근무하지 않는 것. 의금부 낭청 甲과 일정 범위 내의 친족인 乙이 의금부 당상관에 임명되면, 甲은 乙을 피하여 의금부를 떠나야 한다. 이때 甲은 자동으로 면직되는 것이 아니라, 上官을 통하여 임금에게 상피를 이유로 사직한다고 알려야 한다. 이 규정은 이러한 경우에 관한 것이다.

242. 避嫌: 혐의를 피한다는 뜻으로, 상피 이외의 사유로 직무에서 떠나는 것이다. 재판을 받는 사람이 의금부 낭청과 친족·친지 또는 원수라든가, 의금부 낭청이 당해 사건에 관련되었다는 의심을 받고 있는 경우를 예로 들 수 있을 것이다.

一. 本府當直輪直時, 古有迸出番次之例, 而漏於廳憲, 只憑口傳而已. 後來之員, 每當輪直之時, 必致紛紜之弊, 故今玆條列舊規, 以爲常目之地事.

2. 의금부와 당직청에서 윤번 입직할 때에 옛날에는 번차(番次)에서 함부로 빼내는 예가 있었으나, 청헌에 누락되어 다만 임명된 순서에 의거할 따름이다. 나중에 (의금부에) 온 인원이 윤번 입직하게 될 때마다 반드시 시끄러운 폐해가 있게 되므로, 지금 옛 규정을 조항별로 나열함으로써 항상 볼 수 있게 한다.

一. 本府當直, 俱爲輪直. 則從口傳下四員分記當直, 上四員分記本府, 而若値七員之時, 則本府四員當直三員, 爲定. 餘皆倣此事<若只一處輪直, 則毋論本府當直, 七員輪直>.

3. 의금부와 당직청에는 모두 윤번 입직을 한다. 임명된 순서에 따라 하위 4원을 당직청에 배정하고 우위 4원을 의금부에 배정하며, 만약 7원이 해야 할 때에는 의금부에 4원, 당직청에 3원으로 정한다. 나머지 경우는 모두 이에 준한다 <한 곳에만 윤번 입직하면, 의금부와 당직청을 불문하고 7원이 윤번 입직함>.

一. 上經歷例不入直. 一都事交代取便, 故不爲入直. 而雖有右位, 勿爲取便事.

4. 상경력은 관례상 입직하지 아니한다. 수석도사는 교대로서 편함을 취하므로 입직하지 아니하며, 비록 (수석도사의) 우위가 있을지라도 편함을 취하지[243] 않는다.

一. 經宿動駕時, 侵夜坐起時<限烽火>, 科擧禁亂官分記時, 到記食堂時, 則依例迸直, 其外則勿爲擧論事<當日赴擧, 並勿論事>.

5. 경숙동가[244]할 때, 밤새 좌기할 때<봉화가 오른 경우에 한정함>, 과거시험장의 금란관으로 배정될 때, 성균관의 도기(到記)를 점검할 때에는 관례에 따라 입직에서 빼며, 그 외에는 거론하지 않는다<당일 과거에 응시하여도 모두 거론하지 않음>.

---

243. 편함을 취한다는 것은 입직을 하지 않는다는 뜻이다.

244. 經宿動駕: 임금이 대궐을 떠나 다른 곳에서 밤을 지냄.

一. 輪直時諸員中若有式暇, 則式暇日子, 仍以公頉磨勘, 亞次之員, 次次入直, 勿爲迸直事.

6. 윤번 입직할 때의 여러 인원 중에 법정휴가[245]가 있으면 휴가 날짜를 공적 사고로 처리하여 다음 차례의 인원이 순차로 입직하며, 입직에서 빼지는 않는다.

一. 本府輪直時, 當直司員, 若値免新, 則兩處番次, 不可不更爲分記, 伊時本府番次, 亦爲迸出事.

7. 본부에서 윤번 입직할 때에 당직청 입직 낭청이 면신을 하게 되면 두 곳의 번차를 불가불 재조정하여야 하니, 그때 본부의 번차에서도 빼서 재조정한다.

一. 金吾郎啣, 素稱清華, 而近來官方, 雖不如舊, 至於上經歷一都事, 爲任自別, 不可以循次陞付. 上經歷則自有圈點之已例, 而一都事, 亦宜以有人望地閥之員, 雖或越次, 從公議陞座, 以爲永久遵行之道事.

8. 의금부 낭청이라는 직함은 평소 청화직(清華職)[246]이라 칭하고, 근래 관(官)의 기강은 예전 같지 않아도 상경력과 수석도사만큼은 임무가 특별하므로, (임명된) 차례에 따라서 (상경력이나 수석도사로) 올릴 수는 없다. 상경력은 권점하는 예(例)[247]가 이미 있으며, 수석도사도 마땅히 인망과 문벌이 있는 인원을 비록 순서를 건너뛰더라도 공의에 따라 자리에 올림으로써 영구히 준행할 방도로 삼는다.

一. 罰例本意, 亶出於諧謔, 而法久弊生. 先輩之存戒斯在, 而近來三條加罰, 未知創自何時, 而當時善謔, 便成後日痼弊, 實非恪遵先輩成規. 從今以後, 一依廳憲, 永久遵行事. [癸巳六月日完議]

9. 벌례의 본뜻은 진실로 해학에서 나왔지만, 법이 오래되면 폐해가 생긴다. 선

245. [式暇] §1·4 참조.

246. 清華職: 사헌부·사간원의 벼슬이나 經筵官 등은 본인뿐만 아니라 조상에게도 흠(贓吏 등)이 없는 자만이 임용될 수 있었다. 이러한 벼슬을 淸職이라 하는데, 清華職도 같은 의미로 생각된다.

247. [封祟] §1·2 참조.

배의 훈계가 여기에 있으나, 근래 세 가지 벌례가 추가되었는데 언제부터 시작되었는지는 알지 못한다. 당시에는 사이좋게 농담하는 것이 쉽게 뒷날의 고질적 폐단이 되니, 실로 선배들의 성문규범을 각별히 지킴이 아니다. 지금부터는 한결같이 청헌에 의하여 영구히 준행한다. [계사년(1773년) 6월의 완의]

一. 上經歷遞去後, 東壁中若無循次例陞之員, 則新位中隨時圈點, 毋或暫曠, 而雖或有一二橫議, 斷不撓奪. 若或拖至四十五日, 則雖未歸一, 一依廳憲, 卽刻封崇事.[248]

10. 상경력이 교체되어 간 뒤에 출관한 경력[249] 가운데 차례에 따라 관례대로 (상경력으로) 올릴 인원이 없으면 신위[250] 중에서 당시의 권점에 따라 (임명하여) 잠시라도 비워 두지 말고, 비록 한두 명의 반대가 있더라도 반드시 임명한다. 만약 45일[251]이 지나도 의견이 일치되지 아니하면, 일률적으로 청헌에 의하여 즉각 상경력으로 임명한다.[252]

一. 凡於公故差祭時, 軍職堂上前則龍脂, 大廳直擧行, 郞位則杻炬, 外直羅將擧行, 乃是府例. 而郞位差祭之班出入之際, 本無龍脂, 每患引導之爲難, 昌披莫甚, 故自今甲午爲始, 每正初鋪陳債中四兩錢, 付之大廳直處, 凡京內差祭時, 龍脂一柄式, 使之擧行爲齊.

11. 공적인 사유가 있거나 제관(祭官)으로 임명될 때에 군직(軍職) 당상관 앞에서는 용지(龍脂)[253]를 대청지기가 들고 다니며, 낭청이면 횃불을 외직 나장이 들고 다님이 의금부의 관례다. 그러나 낭청이 제관에 임명되어 출입할 때에는 본래 용지를 쓰지 않아 매양 인도하기가 어려움을 근심하고 매우 창피하므로, 지금 갑오년(1774년)부터는 연초에 포진채에서 4냥의 돈을 대청지기에게 배정

---

248. [封崇] §4 참조.
249. [封崇] §4에서는 '東壁'을 '免新한 經歷'으로 번역하였으나, 본 규정에서는 '東壁'이 뒤의 '新位'와 대립되므로 '出官한 經歷'으로 봄이 옳을 것이다.
250. 經歷(참상관)인 新位만을 가리키고, 都事(참하관)인 新位는 제외된다.
251. 45일은 의금부 경력에 임명되어 出官하기까지의 기간이다.
252. [封崇] §4와 비교하면 변화가 있음을 확인할 수 있다.
253. 龍脂: 솜이나 헝겊을 나무에 감아 기름을 묻히어 초 대신 불을 켜는 물건.

하여, 무릇 (낭청이) 서울의 제사에 제관으로 임명된 때에는 용지 한 자루씩을 대청지기가 들고 다니게 한다.

一. 本府大廳直料布甚薄, 實爲矜悶. 最是入直官馬草價名色, 雖有工房給代錢追後上下, 而以渠輩之貧殘, 無以策應於逐日進排, 故茲因廳議, 永爲革罷. 而工房給代中馬草價二十四兩段, 以大廳直別朔下名色, 仍爲定式, 俾爲渠輩一分紓力之地爲齊. [庚子完議]

12. 의금부 대청지기의 요포(料布)가 너무 적으니 진실로 불쌍하다. 가장 비용이 많이 드는 것은 입직한 관원의 마초가(馬草價)[254]라는 것인데, 비록 공방의 급대전(대가로 지급하는 돈)을 추후에 내려 주긴 하지만, 그들이 매우 가난하여 날마다 바치는 것에 맞추지 못하므로, 이에 의금부의 논의로 영구히 혁파한다. 그리고 공방의 급대전 중에 마초가 24냥은 대청지기의 별삭하[255]란 이름으로 정식으로 만들어 그들이 한 푼이라도 여유를 가질 기반으로 삼게 한다. [경자년(1780년)의 완의]

一. 先生就囚時, 隨廳待令, 廳憲備在. 而間或廢閣不行, 事之慨然, 莫此甚焉. 從今以後, 各別擧行, 以存古規. 而至於隨廳書吏段, 近或以入番禮吏擧行, 故公務相妨, 有名無實, 此後則別定一人, 使之着實擧行, 而如或又事因循, 則首吏斷當各別嚴治事.

13. 선생이 갇힐 때에 수청서리[256]가 대령하는 것은 청헌에 갖추어져 있다. 그러나 간혹 방치하여 행하지 아니하니, 일이 개탄스럽기가 이보다 심할 수 없다. 지금부터는 각별히 거행하여 고규(古規)를 세운다. 그리고 (대령하는) 수청서리에 관하여는 요즘에는 번을 서는 예리에게 시키기도 하는 까닭에 공무에 서로 방해가 되어 유명무실하다. 이후로는 따로 1인을 정하여 착실히 거행하고,

---

254. 馬草價: 의금부 낭청이 入直을 위하여 타고 다니는 말의 먹이를 마련하기 위한 화폐(물품화폐 포함).

255. 別朔下: 본래의 朔下 외에 별도로 마련하여 더 주는 朔下.

256. 隨廳書吏: 관청에 배속된 書吏. 서리 중에는 당상관에게 배속된 서리도 있고 관청에 배속된 서리도 있었다. 의금부의 수청서리는 18명이었다.

만약 또 인습에 따르기를 일삼으면 수리(首吏)를 결단코 각별히 엄히 징치함이 마땅하다.

一. 堂郎先生案及櫝子, 今爲重修, 此後則典守等節, 一令禮吏擧行. 而堂上案. 則遞改頻數, 有難隨除隨錄, 每一除拜後次次草注後, 每年正七兩月, 移錄於正案是遣, 郎廳案則免新後, 循例塡御, 而其間或有未免新, 則亦爲隨錄於本冊是遣, 開金段, 置于官房, 出納時, 禮吏每每告課事.

14. 당상관·낭청의 선생안 및 보관함을 지금 다시 수정·수리하니, 이후로는 맡아서 지키는 등의 일은 모두 예리에게 시킨다. 그리고 당상관의 선생안은 (당상관의) 교체가 잦아서 제수될 때마다 기록하기가 어려우니, 제수될 때마다 조금씩 초벌로 주를 달아 두었다가 매년 1월과 7월에 원본 선생안에 옮겨 기록한다. 낭청의 선생안은 (낭청이) 면신한 뒤에 예(例)에 따라 증보하고, 그사이 혹 면신하지 못한 (채 교체된) 자가 있으면 또한 본 책에 기록해 둔다. 열쇠는 관방(官房)에 두고 꺼내거나 반납할 때에 예리가 매번 보고한다.

一. 鋪陳屛帳, 非堂郎先生, 則就理時不得擅借, 自是古規. 而近來漸不如古, 雖非先生, 或有許借之弊. 此非尊先生遵舊憲之本意也. 此後則官員中, 或有拘私許借者, 自廳中施以中罰, 大廳直則除汰事. [乙巳完議]

15. 자리·병풍·장막은 당상관·낭청의 선생이 아니면 심문을 받을 때에 함부로 빌려줄 수 없음이 본래 고규(古規)다. 그러나 근래 점점 예전 같지 않아서 선생이 아닐지라도 빌려주는 폐해가 있기도 하다. 이는 선생을 존중하고 옛법을 지키는 본뜻이 아니다. 이후로는 관원 중에서 혹여 사정에 구애되어 빌려주는 자가 있으면 청중에서 중벌을 시행하며, 대청지기는 내쫓는다. [을사년(1785년)의 완의]

一. 本府鋪陳債, 年例收捧者, 卽由來之厚風, 不易之美規. 未知做其[257]例而創何時

257. 원문은 '甚'이나 의미를 고려하여 '其'로 수정하였다.

也. 仰料古人意, 要在良醫不棄病, 去婦不遺箒之細密心法, 固當傳也細, 受也密. 而夫何挽近以來, 傳不改良醫之治病, 受不見去婦之收箒也. 鋪陳債收捧, 每値歲末, 該掌色交遞之時也, 故迎送紛忙, 捱過促急. 難保有遠慮而存近憂矣, 於是乎隨手散盡, 無異於閭里之賣醋合米, 及至歲改傳掌之後, 新令欲矯舊令之失, 事面自多難處, 因循經過, 輒有窘跲之端. 當初由來之厚風, 不易之美規, 果安在哉. 說弊不如捄弊, 從今以往, 年例鋪陳債收捧時, 先除鋪陳價幾兩, 到付帖紙中, 有邸易捧邑幾處, 該色與大廳直除置後, 以餘數分排應下等雜費是矣, 如或不遵約條, 復踵前謬, 歲首排用, 又有窘跲之患是去等, 其時當該色吏處, 責納鋪陳之意, 永久遵行事. [丙午完議]

16. 의금부의 포진채를 연례로 거두는 것은 유래가 있는 두터운 풍속이며 바꿀 수 없는 아름다운 규범이다. 어떠한 예를 따라서 언제 시작하였는지는 모르겠다. 우러러 옛사람의 뜻을 헤아려 보니, 요체는 "훌륭한 의사는 병의 치료를 포기하지 않고 떠나가는 부인은 소쿠리를 남기지 않는다."라고 하는 세밀한 심법[258]에 있으니, 진실로 마땅히 전수해야 하는 세밀함이다. 그런데 어찌하여 근래에는 훌륭한 의사가 병을 치료하는 것은 전수하여 고치지 않았지만 떠나가는 부인이 소쿠리를 거두어 감은 볼 수 없는가? 포진채를 거두는 것은 매번 연말에 하는데, 담당자가 교체되는 시기인 까닭에 맞아들이고 보내느라 바빠 간신히 급한 시기를 지낸다. 멀리 내다보면서 동시에 가까운 일을 걱정한다는 것이 어려워 이즈음 손 따라 되는 대로 다 써 버리니, 민간에서 식초를 팔아 쌀을 보태는 것과 다르지 않고, 해마다 고쳐서 담당자에게 전달하기에 이르렀다. 그런 후에는 신령(新令)으로써 구령(舊令)의 문제점을 고치려고 하여도 사리와 체면에 난처함이 많아 인습대로 하면서 지내다 보니, 문득 막히고 비틀거리는 단서가 있게 된다. 당초의 유래 있는 두터운 풍속과 바꿀 수 없는 아름다운 규범은 과연 어디에 있는가? 폐해를 말하는 것은 폐해를 없애는 것만 못하니, 지금부터 연례로 포진채를 거둘 때에는 먼저 포진가(鋪陳價) 몇 냥을 덜어내어, 도착한 첩지(帖紙)에 저리[259]가 바꾸어 바치는 고을이 몇

258. 心法: 마음을 쓰는 법.

259. 邸吏: 京邸吏와 營邸吏를 통틀어 이르는 말. 경저리는 서울에 주재하면서 지방 관청의 서울에 대한 일을

군데 적혀 있으면 담당자와 대청지기가 (포진가 몇 냥을 그 고을들에) 배정한 후에, 남는 액수를 꼭 지출해야 하는 곳 등의 잡비에 분배한다. 만약 약조를 준수하지 않고 다시 이전의 잘못을 되풀이하여 연초에 용처(用處)에 배정하다가 또 막히고 비틀거리는 문제가 발생하면, 그때의 담당 아전에게 깔개를 책임지고 바치게 하는 취지를 영구히 준행한다. [병오년(1786년)의 완의]

節目

去丁亥年, 因堂郎處分, 欲矯府吏之弊瘼, 至於擧條啓下. 以海西耗作條, 付之惠廳, 每年十月利條四百兩式受來矣. 其後府吏輩, 謂報房債, 或十年或五年條放賣, 而今則六年條餘在云. 若過此限, 必有復賣之慮, 故玆以成節目爲去乎, 自今以後, 更無放賣是遣, 如或放賣, 則當該首吏及作頭出言者, 斷當移法司重繩. 賣食後退去之吏, 傳授中計減, 出給新來之吏, 而以此永久遵行事. [丁未新定]

지난 정해년(1767년)에 당상관과 낭청의 처분으로 인하여, 의금부 서리의 고질적 폐단을 바로잡으려고 거조[260]하여 재가를 받았다.[261] 황해도의 모(耗)[262]로 조(條)를 만들어 선혜청에 붙여서 매년 10월 이자로 400냥씩 받아 왔다. 그 후 의금부 서리들이 보방채(報房債)라고 하면서 10년조(=4,000냥) 또는 5년조(=2,000냥)로써 내다 팔았는데, 지금은 6년조(=2,400냥)가 남아 있다고 한다. 만약 이 기한이 지나면 반드시 다시 팔 우려가 있으므로 이에 절목을 만든다. 지금부터 다시는 내다 팔지 말고 만약 내다 팔면 당해 수리 및 주동이 되어 말을 꺼낸 자를 결단코 사헌부[法司]로 옮겨 무겁게 징치해야 한다. 팔아먹고 물러난 아전은 전수(傳授)에서 제외하고 (그 나머지를) 새로 온 아전에게 내주며, 이것을 영구히 준

대행하는 鄕吏로, 주로 그 지방의 貢物이나 立役 등의 일을 대행하였다. 영저리는 각 監營에 딸려 각 고을과 감영 간의 연락을 취하는 吏屬이다.

260. 擧條: 조항 또는 조목을 만들어 임금에게 올림. 또는 그 조항.

261. 《承政院日記》 순조 27년(1827) 12월 20일㉕.

262. 耗: 축이 날 것을 미리 셈하여 한 섬[石]에 몇 되[升]씩 덧붙여 받던 곡식. 耗穀.

행한다. [정미년(1787년)에 새로 정함]

一. 新位罰例, 舊以熟饍, 近以代錢, 付之大門, 自有定數, 加減不得者也. 雖滿免新日子, 大門所納, 如未準數, 待之以新位, 當直本府, 無得以右位輪直事.

一. 當直本府, 新位免新前, 雖因公替出, 不許計減於做度事.

一. 先生案, 則免新後因齊會, 始得入錄. 而近或拘於顔私, 雖未準納罰例, 亦有苟且許錄之弊, 大違廳憲, 莫此爲甚. 此後, 則雖滿免新日子, 未準罰例當納, 勿許入錄事. [庚戌完議]

1. 신위에 대한 벌례는 옛날에는 음식을 장만하여 거행하였고 근래에는 돈으로 대신하는데, (그 액수를) 대문에 붙여 두었으니,[263] 원래 정해진 액수가 있어서 가감할 수 없다. 비록 면신할 날짜가 되었을지라도 대문에 적힌 바쳐야 할 액수에 미치지 않으면 그를 신위로 대우하여 당직청과 의금부에서 우위로서 윤번 입직할 수 없다.
2. 당직청과 의금부에서 신위가 면신을 하기 전에는, 비록 공적인 일로 대신 근무하더라도 주도하는 날의 수에서 빼는 것을 불허한다.
3. 선생안에는 면신 후에 제회를 거쳐야 비로소 이름을 올릴 수 있다. 그러나 근래 인정에 구애되곤 하여, 벌례를 액수에 맞게 납부하지 않아도 구차하게 이름을 올려 주는 폐해가 또한 있으니, 크게 청헌을 어김이 이보다 심할 수 없다. 이후로는 비록 면신할 날짜가 되었을지라도 벌례를 규정대로 바치지 않았으면 이름을 올려 주지 않는다. [경술년(1790년)의 완의]

263. [大門節目] 및 [罰例記] 참조.

追附揭板 <完文·詩板>

丁酉六月二十八日, 左副承旨徐有防入侍時, 傳曰, "予嘗觀諸宋時古事, 藝祖卽一中主, 慮其獄囚之瘐死, 開國之初, 命諸州長吏恤繫囚. 又以暑盛詔獄吏, 五日一檢視, 灑掃獄戶洗滌杻械, 貧者給食, 病者給藥, 小[264]罪卽時決遣, 自是歲以爲常. 寡人以爲趙宋屢百年基業之綿遠者, 未必不基於斯矣. 況我列祖欽恤之盛德, 卽我家傳授心法, 而矧予小子, 叨承丕緖, 敢不式克欽承, 對揚休烈之萬一也哉? 凡係欽恤之政, 固當隨處惕若, 而今當暑月, 又値三伏, 死囚之滯獄者, 屢被拷掠之餘, 繫之枷而鎖以杻, 眞所謂蓬頭鬼形, 與鳥獸無異者也. 噫! 當刑而不刑, 當殺而徑放, 適足爲啓僥倖之門, 增罪戾之道, 殊非刑期無刑之義, 初不可議論. 而其於審恤之政, 勿以大罪小罪而區別之, 一依宋朝之古事, 擧而行之, 抑或爲欽哉之一道. 咨爾京外有司之臣, 其宜惕念者, 至若刑具, 制各有度, 笞杖之長廣圓徑, 枷杻之尺寸斤兩, 視罪淺深而異其制焉, 卽是不易之關和也. 近聞京外決獄之地, 率多不遵法制之歎, 以己之私而法亦隨而低仰, 不免爲官長餙怒之具, 可勝寒心. 噫! 法者天下之[265]平也. 雖以人主操其柄御其權, 猶且不敢以一毫偏私干於其間, 況乎命吏哉? 可並知委京外, 恤囚斷獄之際, 體予申勤之敎, 恪謹遵行. 予聞化自近出, 政由內始, 京師之獄, 如彼其雜亂, 則外邑奚論? 刑房承旨, 馳往法府法曹, 取其笞杖枷杻之不如法式者, 一並收聚, 照法準視, 條列以聞. 外邑亦當鱗次差遣御史, 抽柱憑驗, 如其犯者, 隨現重繩, 斷不饒貸, 諸道方伯及居留之臣, 爲先發送褊裨, 逐邑摘奸, 劃卽釐正, 俾無從後現發之事. 已前之違越格式者, 非止一二年之弊, 則諸道査閱之時, 雖有現發者, 除非大不法之刑杖外, 屬之令前, 姑勿上聞, 只令卽速革除事, 一體知委."[266]

---

264. 원문은 '少'이나 《正祖實錄》에 근거하여 '小'로 수정하였다.

265. 《正祖實錄》은 '之'가 없다.

266. 《正祖實錄》 정조 2년(1778) 1월 12일②. 이때 《欽恤典則》이 완성되었는데, 이와 관련하여 이 기사에서 1777년(정조 1) 여름의 下敎를 인용하였다.

1777년(정조 1) 6월 28일 좌부승지 서유방이 입시(入侍)하였을 때다.

정조: 내가 일찍이 송나라 때의 고사를 보건대, 태조 조광윤은 곧 중간 정도의 군주의 하나였는데 옥중의 죄수들이 병들어 죽게 될 것을 염려해서 개국한 처음에 여러 주의 지주(知州)에게 명하여 구금되어 있는 죄수들을 돌보도록 하였다. 또한 무더위에는 옥리들에게 조서를 내려 5일 만에 한 번씩 점검하도록 하였으니, 옥을 청소하고 형구를 세척하며 가난한 자에게는 먹을 것을 주고 아픈 자에게는 약을 주며 경죄수는 즉시 판결하여 내보내되, 이해부터 상례로 삼도록 하였다. 나는 송나라가 여러 백 년이 되도록 기업(基業)이 오래가게 되었음은 반드시 이에서 기한 것이 아닐 수 없다고 여겼다. 하물며 우리 열조들께서 흠휼하였던 융성한 덕은 곧 우리나라에 전해 오는 심법(心法)이다. 하물며 나 소자(小子)가 외람되게 큰 서업(緖業)을 이어받은 몸으로 감히 본받아 조심스럽게 계승하여 아름다운 업적 중 만에 하나라도 선양하지 않겠는가? 무릇 흠휼에 관한 정치는 본디 사건에 따라 조심스럽게 처리하는 것이 마땅하지만, 바로 지금 여름이 되었고 또한 삼복을 만났다. 사형 죄수로 옥에 적체되어 있는 사람들이 여러 차례 고신을 받은 나머지 칼을 쓰고 수갑을 차고 있어 참으로 이른바 봉두귀형(蓬頭鬼形)이 되어 짐승과 다름이 없다. 아! 마땅히 형벌을 주어야 하는데 형벌을 주지 않거나 마땅히 죽여야 하는데도 쉽게 놓아 주면 마침 요행을 바라는 길을 열어 주게 되어 범죄의 길만 늘리는 것이 되며 특히 형벌은 형벌이 없어지게 되기를 기해야 하는 뜻이 아닐 것이니 애초에 의논할 만한 것이 못 된다. 그러나 그 살피고 긍휼히 여기는 정치에 있어서 죄가 크고 죄가 작은 것을 구별하여 가리지 말고, 한결같이 송나라 때의 고사를 본받아 거행해 간다면, 도리어 혹 흠휼하는 한 가지 길이 될 것이다. 아! 너희들 서울과 지방의 담당 신하는 마땅히 명심해야 한다. 형구에 있어서는 제도에 각각 법도가 있어서 태·장의 길이, 너비, 자루의 지름이나 칼과 수갑의 크기와 무게를 범죄의 얕고 깊음에 따라 그 제도를 다르게 한 것이니 이는 바꿀 수 없는 관석화균[267]인 것이다. 근래 듣건대, 서울이나 지방에서

267. 關石和鈞: 120斤인 石을 유통시키고 30斤인 鈞을 공평하게 한다는 것으로, 백성이 사용하는 저울을 공정하게 하는 것이니, 곧 法度를 잘 지키도록 해야 한다는 것이다. 《정조실록》 정조 2년(1778) 1월 12일② 주 034 참조.

옥사를 판결할 때에 법제를 준수하지 않는 한탄이 많다고 한다. 자신의 사사로움으로 인해 법 역시 따라서 높아졌다, 낮아졌다 하여 관장들의 노기를 꾸미는 도구를 면치 못하니 한심스러움을 이기겠는가? 아! 법이란 것은 천하에 공평한 것이다. 비록 임금이 그 자루를 쥐고 그 저울을 다루지만, 오히려 또한 감히 한 터럭이라도 그 사이에 치우친 사정을 끼울 수 없는 것인데, 하물며 명을 받은 관리에 있어서랴? 서울과 지방에 다 같이 알게 하여, 죄수를 돌보고 옥사를 판결할 때에 내가 신칙한 전교를 유념하여 각별히 삼가고 준행하여야 한다. 내가 듣건대, 교화는 가까운 데서부터 나가게 되고 정치는 안에서부터 시작되는 것이라고 했다. 한성부 안의 옥사가 그처럼 난잡하다면 외방 고을들이야 어찌 논할 것이 있겠는가? 형방승지는 사헌부와 형조에 달려가 법식(法式)과 같지 않은 태·장·칼·수갑을 일체로 모두 거두어 모아 법에 비추어 보고 조목조목 열거하여 보고하라. 지방에도 또한 마땅히 차례 차례로 어사를 임명하여 보내 제비를 뽑아서 조사하여, 위반한 자는 적발되는 대로 엄히 다스려 결단코 용서하지 말고, 여러 도의 관찰사 및 머무르고 있는 신하들도 먼저 편비(編裨)를 보내어 고을마다 적발하여 즉각 바로잡아서 이 뒤에는 적발되는 일이 없게 해야 한다. 그전부터 격식을 어긴 것이 1, 2년의 폐단에 그친 것이 아니니, 여러 도에서 조사할 때에 비록 발각되는 것이 있어도, 오직 크게 불법한 형장을 제외하고는 명령이 내리기 이전의 것으로 돌리어 아직은 보고하지 말고, 단지 즉각 없애도록 해야 하는 것으로 모두 알게 하라."

今十月二十九日, 大臣備局堂上引見入侍時, 上曰, "朴尙春疏中所陳北路弊瘼八條, 皆有意見. 昨旣召見條問, 其對亦頗詳. 悉次對之, 特命進定, 蓋爲是耳. 卿等條陳稟處可也."
領議政金致仁曰, "其一, 銀礦金穴之敗徒, 逃租避穀之健兒, 成群如林, 時肆攘奪. 流徒之作挐村閭者, 與盜同罪, 另加禁止, 刷還本土事也. 礦店之弊, 朝家業已洞燭, 年前飭教, 遍下諸道, 則疏中云云, 似是舊礦舊店之謂, 而荒年之政, 莫先於嚴戢暴子弟, 一依所請. 避租避役無賴之類, 各其地方官嚴飭各其社里, 如有成群攘奪作挐村閭者, 捉納官府, 施以行盜之律, 亦自官府, 時時詗察, 或刷還本土, 或別般奠接, 使之各有歸屬爲宜矣."

左議政李性源曰, "御史方在道內, 亦令一體禁戢爲宜矣."

右議政蔡濟恭曰, "無賴成群, 與盜何異. 各別嚴禁之意, 申飭道臣與御史宜矣."

上曰, "依爲之. 開礦設店之又欲嚴防, 卽予爲民苦心. 議者或曰, 地利不必藏塞云, 而此非達論. 求銅則有倭銅, 求銀則有燕銀, 何必地無遺利然後, 方可謂富吾國乎. 近年以來, 有司之臣, 揣得朝家本意, 礦店一事, 雖不敢發於筵席, 若聞某處産銅某處出銀, 則稱以看審, 輒遣差人, 外方營邑, 亦皆如是之故, 至有此朴尙春之疏論. 且以疏語觀之, 非已設之謂, 卽將設處, 爲弊之乃已, 其言是矣. 自今嚴立科條, 無朝令之經稟頒示, 而京而有司, 外而營邑, 甘聽牟利之說, 假稱看色, 發送差使者, 有司之臣及該道臣, 直施制書有違律, 五等奪告身, 功議勿爲分揀, 不禁或自犯之守令, 拿致營門, 從重決杖, 禁錮三年, 各該差人, 嚴刑一次定配, 計士營裨同律, 無賴輩之無論因官令無官令 逗留於此等處者, 令各該討捕營, 直施治盜之刑, 首倡人充軍事, 定式施行. 禁府戶刑曹及巡營討捕營, 以此揭板. 稍俟頒令之限, 別遣摘奸於可送處. 此意自廟堂, 拔例嚴飭於本道及諸道, 俾有實效可也."[268]

戊申十月 日

이달 10월 29일에 대신과 비변사 당상관이 부름을 받고 입시했을 때다.

정조: 박상춘의 상소[269]에서 진술한 함경도의 고질적 폐단 8개 조가 모두 일리

---

268. 《正祖實錄》 정조 12년(1788) 10월 29일①; 《承政院日記》 정조 12년(1788) 10월 29일⑬.

269. 《正祖實錄》 정조 12년(1788) 10월 19일⑥. 박상춘은 전직 전라도 대정현감으로, 그의 상소 내용은 다음과 같다(《正祖實錄》. 기사에 관한 국사편찬위원회 DB의 번역을 그대로 인용함): "삼가 다리 없는 것을 금지하는 성상의 전교를 보건대, 사치에서 검소로 들어간다[由奢入儉]는 네 글자를 요어(要語)로 삼으시어 중외(中外)에 반포하셨습니다. 이번에 검소를 밝히신 전교가 똑같이 8도의 폐단을 구제하는 근본이 되지만, 북도에 관계된 것이 가장 큽니다. 북도에 흉년이 들었다 하여 각신(閣臣)에게 명하여 가서 먹이도록 하시고, 공상(供上)에 관계된 모든 물건들을 모두 감면하시고, 내탕금(內帑金)을 내어 따로 곡식을 무역해서 궁핍한 사람들을 구제하게 하셨으며, 백성들의 주림과 배부름과 곤궁함과 편안함을 자신이 그런 것처럼 여기셨으니, 어지신 뜻이 미치는 곳에 누가 감읍(感泣)하지 않겠습니까. 북도 백성들이 만난 흉년은 실로 근본을 힘쓰지 않은 데서 연유한 죄로, 그 폐단이 한두 가지가 아닙니다. 그 지방은 토지가 척박하고 습지여서 백성들의 풍습이 부지런히 노력하고 오로지 검소만을 숭상하였는데, 근래에 와서 이(利)의 구멍이 점점 열려 물화(物貨)가 어지러이 모여들면서 부자들이 더욱 설치는 통에 가난한 자들은 점점 생업(生業)을 잃어가고 있는 것이 첫째 폐단이고, 화전(火田)에 대해 구실을 매기고 가기전(加起田)에 대해 징세하는 것이 점점 증가되어 모조리 거두어 가는 것이 둘째 폐단입니다. 조적(糶糴)이 고르지 않아 지나치게 받아들이는 것이 관례가 되고, 사사로이 나누어 주고서 모곡(耗穀)을 받는 데에 아전들의 농간이 점점 자라나는 것이 셋째 폐

있는 것들이다. 어제 불러서 보고 조목조목 물었더니 그 대답이 또한 자못 상세하였다. 모두 차대(次對)하여 특별히 답을 올리라고 명하는 것은 대개 이것 때문일 따름이다. 경들은 조목별로 아뢰어 처리해야 할 것이다.

영의정 김치인: 그중 하나로, 은광과 금혈[270]을 파려다가 실패한 무리와 조곡(租穀)을 안 바치려는 건장한 무리가 수풀처럼 무리를 이루어 지금 약탈행위가 극에 달하였습니다. 유랑자들이 민간 마을에서 소동을 부리는 것은 도적과 죄가 같으니 특별히 더욱 금지하여 본래의 고을로 돌려보내야 합니다. 광점[271]의 폐해는 조정에서 이미 통촉하여 몇 년 전에 경계하는 전교를 여러 도에 두루 내려보내었습니다. 상소에서 말한 것은 옛 광점을 일컫는 것 같습니다. 흉년인 때의 정치는 사나운 젊은이들을 엄히 단속하는 것보다 우선으로 할 것이 없으니, 모두 청한 바에 따르십시오. 조세와 부역을 회피하는 무뢰한들은 각각 그 지방관이 각 마을에서 엄하게 타일러 경계하고, 만약 무리지어 약탈하고 민간 마을에서 소동을 부리는 자가 있으면 붙잡아 관부(官府)에 바쳐서 도둑질을 처벌하는 율(律)을 시행하며, 관부에서도 때때로 넌지시 살펴 본래의 고을로 돌려보내거나 따로 주거를 정하여 그들이 각각 귀속됨이 있게 함이 마땅합니다.

좌의정 이성원: 어사가 지금 함경도에 있으니 또한 모두 금지하게 함이 마땅합니다.

우의정 채제공: 무뢰한이 무리를 이룬 것은 도적과 무엇이 다르겠습니까. 각별히 엄금하는 뜻을 관찰사와 어사에게 신칙함이 마땅합니다.

정조: 그렇게 하라. 광점의 개설을 또 엄히 금지하고자 함은 백성을 위한 나의 고심이다. 논의하는 자가 말하기를 '땅의 이익을 감추고 막을 필요는 없습니다.' 라고 하기도 하나, 이는 사리에 맞는 견해가 아니다. 구리를 구한다면 일본 구리

단이고, 밭갈이하는 소가 연해(沿海) 어전(魚箭)에서 잡아먹는 소로 다 들어가서 돈이 적은 사람은 다시 소를 장만하기 어려운 것이 넷째 폐단입니다. 쟁기는 철점(鐵店)에서 만드는 것인데, 점세(店稅)가 지나치게 중하여 쇠를 녹여 주조하는 일이 따라서 폐지되었으므로 곡식이 적은 사람은 연장을 살 수 없는 것이 다섯째 폐단이고, 부역이 빈번하여 파종기(播種期)를 놓치는 것이 여섯째 폐단입니다. 균역청 염세(鹽稅) 이외에 토지세·도로세·시장세(柴場稅)가 있어 소금이 금처럼 귀한 것이 일곱째 폐단이고, 금광(金壙)·은광에서 실패한 무리들이 떼지어다니며 약탈하므로 마을에 찬바람이 도는 것이 여덟째 폐단이니, 검소한 덕을 밝히시어 먼저 북도 백성들의 사치스런 풍습부터 없애시고 이어 도내 각 고을들로 하여금 참작해 헤아려 폐단을 바로잡게 하소서."

270. 金穴: 금줄에 금이 박혀 있는 곳.

271. 礦店·鑛店: 광산을 운영하기 위한 현장사무소.

가 있고 은을 구한다면 중국 은이 있으니, 어찌 반드시 땅에 남겨진 이익이 없게 한 뒤라야만 우리나라를 부유하게 한다고 말할 수 있겠는가? 근년 이래로 유사인 신하들이 조정의 본뜻을 알아 광점에 관한 일을 비록 감히 연석(筵席)에서는 말하지 않지만, 어디서 구리가 나고 어디서 은이 난다고 들으면 조사한다고 하면서 문득 차인(差人)을 보내고 지방의 감영에서도 모두 이와 같은 까닭에 박상춘이 상소에서 이렇게 논하였다. 또 상소에서 한 말을 보면 이미 개설된 것들을 일컫는 것이 아니고, 장차 개설하려고 하는 곳이 폐해가 되면 그만두면 되니, 그 말이 옳다. 지금부터 과조(科條)를 엄히 세워서, (신하들이) 아뢰어 반포된 조령(朝令)이 없는데도 서울에서는 유사가, 지방에서는 감영에서 이익을 탐하는 말을 기꺼이 듣고 간색(看色)한다고 거짓말하면서 차사를 보내는 경우에는, 유사인 신하와 해당 관찰사에게는 바로 제서유위율[272]을 시행하여 고신 5등을 빼앗고 의공[273](의 적용대상)인지도 분간하지 않으며, 금지하지 않거나 스스로 범한 수령은 감영으로 잡아 와서 무거운 율에 따라 장을 치고 3년간 금고[274]하며, 각 당해 차인은 엄형 1차[275]하여 정배(定配)하고 계사[276]와 관찰사의 비장도 율이 같으며, 무뢰한으로서 관청의 명령을 받고 한 것인지 관청의 명령이 없었는지를 불문하고 이런 곳들에 머무르는 자는 각 해당 토포영으로 하여금 바로 치도곤을 치게 하고, 수창(首倡)한 사람은 충군하는 것으로 법식을 정하여 시행하라. 의금부·호조·형조 및 순영·토포영에서는 이를 게시하라. 영이 반포된 후 약간 기한을 주었다가, 조사·적발할 관원을 보낼 만한 곳에 특별 파견하라. 이 뜻을 비변사에서 함경도 및 여러 도에 특별히 엄하게 알리고 경계하여 실효가 있게 함이 옳다.

1788년(정조 12) 10월

---

272. 《大明律》〈吏律〉[公式] 제64조 制書有違.

273 議功: 중국의 전통 형법에서는 일정한 범위에 속하는 사람이 죄를 지은 경우 형벌을 감면하는 등의 특혜를 베풀었는데, 이들을 '八議'라고 한다. 議功은 팔의의 하나로, 큰 공(대체로 戰功)을 세운 사람이다. 팔의에는 이외에도 황실의 가까운 친척인 議親, 고관대작인 議貴, 큰 덕행이 있어 타의 모범이 될 만한 현인·군자인 議賢 등이 있다.

274. 禁錮: 과거 응시도 못하게 하고(停擧) 벼슬에 임명되지도 못하게 하는 것.

275. 嚴刑 1次: 고문용 도구인 訊杖으로 30대를 치는 것.

276. 計士: 戶曹 算學의 종8품 관직.

甲寅五月初十日, 時囚前掌令姜鳳瑞原情公事, 判付內, "以草記議處照律爲旀, 近事時囚, 無端滯囚, 除非提飭, 不卽捧供, 卿等之具公服赴坐, 固似勞矣. 囚人之久滯, 其苦豈比卿等之勞? 則齋日外空日, 惟意不坐, 而廟堂論責之草記, 該房察推之院啓, 久未見之. 此亦壞例之一端, 此後申明舊典, 俾勿抛置爲旀, 判堂卿叚, 越俸一等, 諸堂從重推考, 無端不坐過三日, 不爲提醒於堂上, 則首都事先汰後拿, 當該首堂下義禁府推考事, 定式, 以此判付, 大書揭板虎頭閣, 以爲常目着念之地." 爲良如敎.[277]

1794년(정조 18) 5월 10일, 구금 중인 전(前) 장령[278] 강봉서의 원정에 관한 공사(公事)에 대한 판부에서 "초기로써 의처조율(議處照律)하라. 최근 일어난 사건의 시수(時囚)들이 이유 없이 오래 갇혀 있으니, 재촉하지 아니하면 즉시 진술을 받지 않는다. 경들이 공복을 갖춰 입고 자리에 나아감은 진실로 노고인 것 같지만, 죄수가 오래 갇혀 있으면 그 고통이 어찌 경들의 노고에 비하겠는가? 그런즉 재일(齋日) 외의 쉬는 날[279]에는 오직 좌기(坐起)하지 않는 것만 생각하는데도 비변사에서 (이를) 논책하는 초기나 해당 방(房)의 승지가 (이를) 찰추[280]하는 보고서를 오래도록 보지 못하였으니, 이는 또한 예(例)를 무너뜨리는 하나의 단서다. 이후로는 옛 법을 거듭 밝혀 (업무를) 버려두지 않게 하라. 판사는 한 시기 녹봉을 박탈[281]하고 여러 당상관은 무거운 죄로 추고하며, 이유 없이 좌기하지 않은 지 3일이 지났는데도 당상관에게 일깨워 주지 않으면 수석도사는 파직부터 하고 나서 잡아 오고 당해 판사는 의금부에서 추고하는 것으로 법식을 정한다. 이 판부를 크게 써서 호두각에 걸어 두고, 변치 않는 조목을 염두에 두는 기반으로 삼으라." 라고 하셨다.

本府之有罰例古也. 罰以酒食者, 非爲醉飽, 蓋出善謔而尊右位守府例之義, 亦未嘗不

277. 《承政院日記》 정조 18년(1794) 5월 10일㉗.
278. 掌令: 사헌부의 정4품 벼슬.
279. 의금부 당상관은 전원 兼職이므로, '쉬는 날'이란 本職을 가진 관청(주로 議政府나 六曹임)에서 업무가 없는 날을 뜻하는 것으로 보인다.
280. 察推: 罪科 있는 관원에 대하여 그 비위 또는 불법을 미리 조사하여 두고 확인 심문하는 규찰 행위.
281. 녹봉은 1년에 네 차례, 1·4·7·10월에 지급하였으므로(《經國大典》 〈吏典〉 [祿科]), 석 달 치 녹봉을 주지 않는 벌이다.

寓於其間也. 夫何近年以來, 罰頻而品侈, 費鉅而弊滋, 往往貧窶之家旅宦之人, 不喜職名清華, 反苦無中辦有, 甚至於責出陪隷, 備經艱辛, 是豈古人會數禮勤之意也哉. 知如是爲病, 不如是爲藥, 眞格言也. 不可不及今改之, 議于郎僚, 僉曰可. 玆就舊例, 略附新規, 遂成節目, 揭之壁上, 以爲永久遵行之地.

一. 罰例之以三兩, 備一卓饌, 卽古例也. 中罰大罰之名間或有之, 而未有若今時之頻數也, 故尤無以責應. 此後則大中兩名色, 永爲革罷*爲齊*.

一. 出官前兩次罰例, 有不可廢, 此外則永除之*爲齊*.[282]

一. 出官時罰例, 使陪隷設辦, 齊會時進呈, 而此則雖是一卓, 與他罰例有間, 饌品比前稍厚, 而無過十兩*爲齊*.

一. 免新, 與出官同, 近或以雜種代納, 甚非古規. 此後一依舊例, 以酒食設辦, 而僚員中或家眷在鄕, 或器具不逮, 難以責辦, 則一並使陪隷, 擔當備呈. 床則以一卓爲定, 切勿各床. 又無過十兩*爲齊*.[283]

一. 出官免新時, 書吏羅將及各位奴子處帖子, 依舊例各以一兩五錢, 庫直大廳直各一兩, 爲定, 而肅謝時, 各位奴子例給錢, 以一兩爲定*爲齊*.[284]

一. 僚員中, 貧寒不能辦者, 曾有白面許免之例. 一盃酒一器肴, 許其出官免新, 亦是厚風, 以此施行*爲齊*.[285]

一. 本府開坐諸員齊會之時, 每月不知爲幾次, 若諉以公會輒責罰例, 則是難繼之道. 只京外經宿動駕時本府貶坐時乙, 使之輪回備呈*爲齊*.

嘉慶三年戊午五月 日

의금부에 벌례(罰例)가 있은 지 오래되었다. 술과 음식으로써 벌례를 거행하는 것은 취하고 배부르기 위해서가 아니라, 대개 사이좋게 농담하면서 그 사이에 우위(右位)를 존중하고 의금부 관례를 지키려는 뜻에서 나왔다. 그런데 어쩌다가 최근 들어 벌례는 잦아지고 품목은 사치스러워져 씀씀이는 커지고 폐해는 불어난 것인

282. [追錄] §20 참조.
283. [追錄] §28 참조.
284. [追錄] §§22·25 참조.
285. [追錄] §27 참조.

지, 이따금 가난한 집안 출신으로 벼슬살이하러 올라온 사람이 청화직(淸華職)인 것에 기뻐하지 아니하고, 오히려 없는 살림에 음식장만을 해야 함[無中辦有][286]을 괴로워하며, 심지어 몸종에게 떠넘기는 등 온갖 고초를 다 겪으니, 이 어찌 옛사람이 자주 만나 예를 권려한 뜻이겠는가? 이와 같은 것을 알면 병이고, 이와 같은 것을 모르면[287] 약이라는 말이 진실로 격언이다. 지금 고치지 않을 수 없어 낭청들에게 의논하니 다들 옳다고 한다. 이에 구례(舊例)를 따르고 새 규정을 약간 덧붙여 드디어 절목을 완성해서 벽 위에 게시함으로써 영구히 준행할 기반으로 삼는다.

1. 벌례(罰例)는 3냥으로 음식을 한 상 준비하는 것이 고례(古例)다. 중벌(中罰)과 대벌(大罰)이라는 것이 간혹 있었으나, 지금은 어느 때보다도 잦은 까닭에 더욱 치러 낼 수가 없다. 이후로는 대벌과 중벌의 두 개를 영구히 혁파한다.
2. 출관 전 두 차례의 벌례[288]는 폐지할 수 없으니, 이외에는 영구히 없앤다.
3. 출관할 때의 벌례는 몸종에게 차리라고 시켜서 제회(齊會)하였을 때에 대접하는데,[289] 이것은 비록 한 상일지라도 다른 벌례와는 차이가 있으니 음식의 품목이 이전보다 조금 좋지만 10냥은 넘기지 말라.
4. 면신할 때에는 (벌례가) 출관할 때와 같다. 근래 잡다한 종류의 물건으로 대신하기도 하는데, 아주 고규(古規)가 아니다. 이후로는 모두 구례(舊例)에 의하여 술과 음식을 마련하며, 낭청들 중에 가족이 시골에 있거나 그릇이 부족하여 치러 내기 어려운 자는 모두 몸종에게 맡겨서 마련하여 접대하게 한다. 상은 한 상으로 정하고, 절대로 각상으로 하지 말라. 또 10냥을 넘기지 말라.
5. 출관하거나 면신할 때에 서리·나장 및 각위(各位)의 종에게 주는 첩자(帖子)는 구례(舊例)에 의하여 각각 1냥 5전, 고지기와 대청지기에게는 각각 1냥으로 하며, 사은숙배할 때에 각위의 종에게 관례상 지급하는 돈은 1냥으로 한다.
6. 낭청들 중에 가난하여 (벌례를) 행하지 못하는 자에게는 벌례 없이 면신을

286. 여러 사전에서 '無中辦有'나 '無中辦', '無中', '辦有', '中辦有', '中辦'을 찾을 수 없었다. 다만 '無中生有'가 "① 일체 만물은 아무것도 없는 無에서 생겨난다는 뜻, ② 없는 일을 만들어 냄"이란 뜻임을 확인할 수 있었다.
287. 원문의 '不'과 '如是' 사이에 '知'가 생략된 것으로 보고 번역하였다.
288. [入仕] §3 참조.
289. [追錄] §21 참조.

허락하는 예도 있었다. 술 한 잔과 안주 한 그릇으로 그 출관과 면신을 허락함은 또한 두터운 풍습이니, 이것으로 시행한다.

7. 의금부에서 (당상관·낭청이 모여) 업무를 보거나 여러 인원이 제회하는 때가 매월 몇 차례인지 알 수가 없는데, 공적인 모임을 핑계로 문득 벌례를 행하게 한다면, 이는 계승하기 곤란한 도리다. 서울이나 지방으로 동가(動駕)하여 하룻밤 묵는 때[290]와 의금부에서 폄좌[291]할 때[292]에만 돌아가며 (음식을) 마련하여 접대하게 한다.

1798년(정조 22) 5월

右完議事. 羅將八十名, 乃是朝家之元額數, 則實非本府之所可增減, 而比年以來, 或因堂郎分付而加出, 或因渠輩循私而許入, 今至於一百二十餘名之多. 不但大有違於當初定式之本意, 無賴之類, 夤緣投入, 憑藉橫拏, 聽聞所及, 莫不駭惋. 苟求矯弊之道, 無出於除其冗雜, 一定元額故也. 八十名外, 一並除汰. 自今以後, 雖一名, 無得加出之意, 堂郎齊議, 成節目揭板爲去乎, 日後渠輩中, 若有額外加出之弊, 則頭目羅卒, 移送法司, 照律重繩, 斷不饒貸. 以此永久遵行事.

嘉慶九年甲子七月 日

완의(完議)한다. 나장 80명은 조정의 원래 정원인즉 실로 의금부에서 증감할 수 있는 바가 아니나, 근래에 당상관과 낭청의 분부로 더 두거나 그 무리가 개인적인 사유로 입속(入屬)을 허락하여 지금은 120여 명에 이를 정도로 많다. (이는) 당초에 법식을 정한 본뜻에 크게 어긋날 뿐만 아니라, 무뢰배가 연줄을 통하여 들어와서 (나장으로서 가진 권세에) 의지하여 이리저리 날뛰니 들리는 것이 너무나도 놀랍고 한탄스럽다. 진실로 폐해를 바로잡을 도리를 구하는 것은 그 쓸모없는 인원을 제거함보다 나은 게 없으니, (이것이) 일정하게 정원을 정한 까닭이다. 80명 외에는 모두 내쫓는다. 지금부터는 1명도 더 둘 수 없다는 뜻으로 당상관과

290. [大門節目] §§13·14 참조.
291. 貶坐: 인사고과인 褒貶을 하기 위한 開坐.
292. [大門節目] §§18 참조.

낭청이 함께 의논하고 절목을 작성하여 게시하며, 뒷날 그 무리 중에서 정원 외로 더 두는 폐해가 있으면 두목[293]과 나졸을 사헌부에 이송하고 율을 적용하여 무겁게 벌하며, 결단코 용서하지 않는다. 이것을 영구히 준행하라.

1804년(순조 4) 7월

辛丑閏五月初十日, 上經歷朴海壽, 自政院發牌, 以司謁口傳下敎曰, "宦竪所囚之間, 本自有之, 不但他囚不得混處, 不得出間門, 亦不得與他人酬酌. 古法然也, 其果遵守否? 近年頻有宦獄未免疎虞, 而姑無大段現發之事, 故雖不處分, 此後則益加防禁罪囚, 或他人中, 若有與宦竪混處及酬酌之事, 官高者, 自本府, 先以何以爲之意草記, 而囚於死囚之間, 卑微者, 直囚後草記. 若是申飭之下, 如或不善檢察, 至於現露之境, 則上經歷, 必當重勘. 以此意, 揭板遵行."

1781년(정조 5) 5월 10일 상경력 박해수[294]를 승정원에서 패(牌)를 발급하여 다스리고 사알[295]을 통해 구두로 전교를 전달하기를, "내시가 옥에 갇혀 있는 동안에는 본래 규정이 있으니, 다른 수감자와 같이 있게 할 수 없을 뿐만 아니라, 샛문으로 나갈 수 없고, 또 다른 사람과 말을 나눌 수도 없다. 옛 법이 그러한데, 과연 지켜지고 있는가? 근래 내시의 사건에서 주의하지 않아 어설픈 실수를 면치 못함이 자주 있으나, 일단 크게 드러난 일은 없으므로 비록 처분하지는 않더라도, 이후로는 더욱 죄수들을 단속하여, 혹여 다른 이들 중에 내시와 같이 있거나 말을 나누는 일이 있으면, 관직이 높은 자는 의금부에서 먼저 어떻게 처리할 것인지를 초기하고서 사형 죄수들 사이에 가두며, 낮은 자는 곧장 가둔 후에 초기하라. 이와 같은 신칙이 내려졌는데 혹여 제대로 단속하고 살피지 않다가 발각되면, 상경력을 반드시 무겁게 처분하여야 한다. 이 뜻을 게시하여 준행하라."

---

293. 頭目: 범죄조직뿐만 아니라 衙前이나 商人 집단의 우두머리도 頭目이라고 칭하였다.

294. 朴海壽: 호성공신인 錦溪君 朴東亮의 후손으로, 형이 일찍 죽어 제사를 대신 지냈는데(攝祀), 영의정 김상복이 이를 이유로 박해수에게 벼슬을 줄 것을 건의하여 재가를 받았다(《承政院日記》 영조 50년(1774) 1월 16일⑮). 이듬해인 1775년(영조 51) 정월 경릉 참봉, 1776년(정조 즉위) 6월 예빈시 봉사, 1778년(정조 2) 7월 순릉 직장, 1779년(정조 3) 12월 장악원 주부, 1780년(정조 4) 2월 의금부 도사, 1781년(정조 5) 6월 진안현감에 차례로 임명되었다. 1795년(정조 19) 5월에는 孝行卓異로써 사헌부 지평에 贈職되었다.

295. 司謁: 임금의 명령을 전달하는 일을 맡아보던 정6품의 잡직으로 掖庭署에 딸렸으며 승급이 되지 않았다.

金吾廨宇節目

右，永久遵行事. 王府所重，與他司有異. 虎閣乃時囚議讞之地，蓮亭是御製奉安之所，東廳卽公事出納之處，則其爲關係莫重*是去乙*，挽近以來，法綱解弛，先自府屬輩，並與閑雜人，而無常出入，甚至遊嬉，或登大廳而摘窓偃臥，上蓮亭而憑檻垂釣，入東廳而橫竹雜技. 而所謂府屬輩，恬若尋常，不爲禁斷，末流之弊，至於毁劃瓦墁，汚穢壁宇，破傷鋪陳，閪失文簿之境，瞻聆所及，萬萬寒心. 見今府役修繕之後，不可不痛革前弊，嚴立禁條然後，始可以董飭. 而府屬守直各所*是如乎*，玆成節目，書揭壁上. 一依後錄條例，各別惕念施行者.

一. 每於卯酉仕日，上經歷一都事，招致各所掌，檢飭其有無頉，而如或有頉者，令該所掌，自當修改事.

一. 禁雜人事. 外直及色掌羅將等待，不離於大門內外. 凡干邸吏廛人，因公往來者，先爲入告於番官，*這這*呼望. 雖往來傳喝及書札，皆令受入受出，其下隷切勿許入事.

一. 閑雜人，如或上大廳蓮亭者，及坐起時 帶率下人等 坐立於廳上 喧譁者，自番官隨現嚴杖事.

一. 府屬中，如非因公擧行，則無敢逗留於廳上及亭上事.

一. 上直書吏，不敢乘夜招致閑雜人遊嬉，而如或犯科，自番官隨現嚴治事.

一. 東廳及堂上房，則入番書吏，主管看檢事.

一. 坐起大廳及蓮亭西廳等處，入番大廳直，主管看檢，而壁宇門戶鋪陳等屬有頉，則隨現摘發，閪失者，告官推索，毁破者，自當修補事.

一. 東南西間樓上庫以下月廊，東西北內墻垣，入番羅將，主管看檢，而瓦子木石等屬有頉，則隨現摘發，閪失者，告官推索，毁破者，自當修改事.

一. 府外東西北墻垣，各其家前主人，主管看檢，而瓦子脫落，水道潛通等事，一切嚴禁. 而如有犯科，則自番官推治後，使之自當修改事.

一. 各所雨漏及廳板破落墻垣潰缺處，依例知委繕工等處修補事.

一. 上直羅將軍士, 除闕後東西挾門下鎖, 而如有公事往來, 則告官開閉事.

청사관리절목

이를 영구히 준행한다. 의금부는 소중하기가 다른 관사와 다르다. 호두각은 수금된 자의 죄를 논의하는 곳이고 연정은 임금이 지은 글을 봉안하는 곳이며 동청은 공사를 출납하는 곳으로, 그 관계되는 것이 막중하다. 그런데 근래에 법도와 기강이 해이해져서 의금부에 소속된 무리부터가 잡인들과 함께 수시로 드나들며 심지어 놀이까지 하니, 대청에 올라 창문을 열고 벌떡 눕기도 하고, 연정에 올라 난간에 기대어 낚시를 드리우기도 하며, 동청에 들어가 담뱃대를 물고 오락을 하기도 한다. 그런데도 의금부에 소속된 무리라는 것들은 아무렇지도 않은 듯 편해서 금지하지를 않으니, 심지어 그 폐해가 기와를 훼손하고 벽을 더럽히며 깔개를 손상하고 문서와 장부를 잃는 지경에 이르러, 보이고 들리는 것이 말할 수 없이 한심하다. 지금 의금부에서 수선한 뒤에 이전의 폐해를 통렬히 없애지 않을 수 없으니, 금지하는 조목을 엄히 세운 연후에 비로소 감독하고 경계할 수 있다. 그런데 의금부에 소속된 자들이 각자 여러 곳을 맡아 지킨다고 하니, 이에 절목을 만들어 써서 벽에 건다. 모두 아래에 기록한 조례에 의하여 각별히 경계하고 두려워하며 시행하라.

1. 근무하는 날마다 상경력과 수석도사가 각처의 담당자를 불러서 문제가 있는지 조사하고, 만약 문제가 있으면 해당 담당자가 스스로 보수하게 한다.
2. 잡인을 금하는 일이다. 외직(外直) 및 담당 아전과 나장 등이 미리 준비하고 하명을 기다리며, 대문 안팎에서 떠나지 않는다. 경저리[296]나 시전 상인들이 공적인 일로 왕래하는 경우에는 먼저 번을 서는 관원에게 가서 알리고, 그 관원이 일일이 (해당 관원을) 소리쳐서 부른다. 비록 왕래하라는 전갈이나 서신이 있어도, 모두 (의금부의 아전 등이) 받아서 들이고 받아서 내보내게 하며, 그 하인은 절대로 들이지 않는다.
3. 잡인이 만약 대청 또는 연정에 오르거나, 좌기할 때에 하인들을 대동하여 대

296. 京邸吏: 서울에 머무르면서 지방 관청의 사무를 연락하고 대행하던 사람. 京主人.

청 위에 앉히거나 세워서 시끄럽게 떠들면, 번을 서는 관원이 적발하는 대로 즉시 엄히 장을 친다.

4. 의금부에 소속된 자가 공적인 일을 수행하는 경우가 아니면, 감히 대청 위나 연정 위에 머무를 수 없다.
5. 입직(入直)하는 서리는 감히 밤중에 잡인을 불러 놀 수 없고, 만약 위반하면 번을 서는 관원이 적발하는 대로 즉시 엄히 징치한다.
6. 동청 및 당상방(堂上房)은 번을 서는 서리가 책임지고 감독한다.
7. 대청에서 좌기할 때에, 그리고 연정과 서청 등에서는 번을 서는 대청지기가 책임지고 감독하며, 벽·문·자리 등등에 문제가 있으면 보이는 대로 적발하여, 잃어버린 자는 관에 신고하여 전부 배상하게 하고 훼손한 자는 직접 보수하게 한다.
8. 동·남·서칸의 다락 위 창고에서부터 행랑까지와 동·서·북쪽의 안쪽 담장은 번을 서는 나장이 책임지고 감독하며, 기왓장·나무·석물 등등에 문제가 있으면 보이는 대로 적발하여, 잃어버린 자는 관에 신고하여 전부 배상하게 하고 훼손한 자는 직접 보수하게 한다.
9. 의금부 바깥의 동·서·북쪽 담장은 각각 그 맞은편 집의 주인이 감독을 책임지며, 기왓장이 떨어지거나 물길이 (담장) 아래로 흐르는 등의 일이 일절 없도록 한다. 만약 위반하면, 번을 서는 관원이 조사하여 다스린 후에 각자가 직접 보수하게 한다.
10. 각처의 비가 새는 곳 및 관청 현판이 깨지거나 떨어진 곳과 담장이 무너진 곳은 관례에 따라 선공감 등에 알려서 보수한다.
11. 입직하는 나장과 군사는 퇴근하면서 동·서 쪽문에 자물쇠를 채우며, 공적인 일로 왕래하려면 관에 고하여 열고 닫는다.

右文, 爲永久遵行事. 羅將古無牌, 今之有牌, 自丁亥始也. 其制長與廣同, 中高四殺, 外作八隅. 前刻羅將姓名及年幾甲·長幾尺·面貌·鬚疤, 各隨其人, 後面刻年號幾年某月日, 仍烙義禁府三字印. 此其舊式也. 一有除差, 則輒加改遞, 事或紛挐, 弊又滋長, 其後變舊制, 改作圓牌, 只刻義禁府羅將五字, 兼烙籌司備字印, 以重其事體. 而姓名容疤, 闕而不載, 號曰輪牌, 故雖有除差, 不煩改造, 自相換佩, 甚簡便也. 第以無名字無疤記, 故閑遊之輩, 冒稱羅將, 私相借佩, 弊端層生, 聽聞駭惋, 故今依丁亥舊式, 一並改造八隅牌, 而兼遵輪牌例, 本府印及小備字印前後面並烙. 以此定式, 永久遵行*爲齊*.

一. 羅將元額爲八十名, 丁亥新定節目時, 慮其事役煩重擧行苟艱, 別定實加出二十名, 合爲一百名矣. 近來額外冒入, 日益浸廣, 故百名外, 且定實加出二十名[illegible]. 錄案給牌, 一如元額, 並爲一百二十名, 而其餘冒稱者, 一並除汰*爲去乎*, 今此更張之後, 統率之道, 操切之方, 宜當有別般定式*是乎所*, 每月某日, 定爲一次點考, 而前期二日, 出令知委, 使之一體等待. 無敢闕而不參*是乎矣*, 或一次見闕, 決笞二十, 再次見闕, 罰錢三兩, 三次見闕, 擧廳除案, 永勿復屬. 以此完議, 斷不饒貸*是遣*, 日後若有罪汰後身故者, 則隨闕塡代, 不踰時日. 丁亥節目中, 自渠*矣*廳, 圈點塡差, 一體申明遵行*爲齊*.

道光十七年丁酉七月 日

(나장패의 규격)

이 글을 영구히 준행한다. 나장에게 예전엔 패가 없었는데 지금 있는 것은 정해년(1827년)부터다. (그 규격은) 길이와 너비가 같으며, 가운데가 높고 4단계로 낮아지며, 바깥은 팔각형이다. 앞면에는 나장의 성명, 나이, 키가 몇 척인지, 생김새, 수염(의 형태), 흉터(의 유무와 위치)를 각각 그 사람에게 맞게 새기고, 뒷면에는 (만든 해의) 연호와 연월일[297]을 새겨서 '의금부' 세 글자의 낙인을 찍는다. 그런데 이것은 구식이다. (나장을) 임명할 때마다 (패를) 교체해야 하니, 일이 복잡하게 얽히고 또 폐해가 더욱 커져서, 그 후에 옛 제도를 고쳤다. (지금은) 둥근 패로 고쳐 만들고 '의금부나장' 다섯 자만 새기며, 겸하여 비변사의 '비'자를 낙인함으로써 그 사리와 체면을 무겁게 한다. 성명과 용모는 빠뜨리고 기록하지 않아 윤패(輪牌)[298]라고 부르는 까닭에, (나장의) 임명이 있더라도 번거롭게 다시 만들

297. 연호와 연월일: 예를 들어 '道光十七年七月日(도광 17년 7월)'.

298. 輪牌: 둥근 모양이 바퀴를 닮기도 하였고, 또 여러 사람이 돌아가면서 쓰므로 이리저리 굴러다니는 바퀴와 비슷하다. 이런 이유로 '輪牌'라고 불렸던 것 같다.

지 않고 서로 바꾸어 차니, 매우 간편하다. 다만 이름도 없고 용모도 기록하지 않기 때문에 놀고먹는 무리가 나장을 사칭하면서 사사로이 서로 빌려서 차니, 폐단이 거듭 발생하여 들리는 것들이 놀랍고 한탄스럽다. 이제 1827년의 옛 방식에 의하여 모두 팔각패로 고쳐 만들고 아울러 윤패의 예(例)도 지켜서, '의금부'와 작은 '비'자를 앞면과 뒷면에 각각 낙인한다. 이것을 정식(定式)으로 하여 영구히 준행할지어다.

1. 나장의 원래 정원은 80명인데, 1827년에 새로 절목을 정할 때에 그 일이 너무 많아 (80명으로) 하기가 매우 어려움을 고려하여, 정원 외에 실제로 20명을 더 두어 합이 100명이 되었다. 근래에 정해진 수 외에 함부로 추가하여 날이 갈수록 늘어났기 때문에 100명 외에 또 실제로 20명을 더 둔다. 명부에 기록하는 것과 패를 지급하는 것은 다 원래 숫자대로 모두 120명으로 하고, 그 나머지 함부로 (나장이라고) 사칭하는 자들은 모두 내쫓는다. 지금 이렇게 개혁하고 나서는 통솔하고 단속할 방도에 마땅히 특별한 정식이 있어야 한다. 매월 며칠에 정기 점고[299]하는 것으로 정하며, 점고 이틀 전에 명령을 내리고 알려서, 나장들이 모두 미리 준비하고 기다리게 하여 감히 빠지고 불참해서는 안 된다. 혹여 한 번 빠지면 태 20을 치고, 두 번 빠지면 벌금 3냥을 부과하며, 세 번 빠지면 관청에서 들어내어 명부에서 삭제하고 영구히 복귀시키지 않는다. 이 내용으로 완의하여 결단코 용서하지 말라. 그리고 뒷날 만약 죄를 짓고 쫓겨난 후에 죽은 자가 있으면, 빈자리를 다른 사람으로 대신 채워 시일을 넘기지 않도록 한다. 정해절목[300]에 있는, 그의 관청에서 권점하여 빈자리를 채우라는 내용을 모두 거듭 밝혀 준행한다.

1837년(헌종 3) 7월

299. 點考: 한 사람 한 사람 보면서 출근 여부를 확인하는 것.
300. 丁亥節目: '정해년의 절목'이란 뜻.

大門節目

一. 罰例錢六十六兩三錢五分, 一都事監捧爲齊.

1. 벌례전(罰例錢)[301] 66냥 3전 5푼은 수석도사가 감독하여 거둔다.

一. 隨所捧除給大門錢四十二兩, 各行下, 一都事親檢分給, 俾無中間乾沒之弊爲齊.

2. 거둔 돈에서 대문전[302] 42냥을 덜고 각자에게 가외로 지급하는데, 수석도사가 직접 점검하여 나눠 주어, 중간에 가로채는 폐해가 없게 한다.

一. 罰例未了, 不許免新爲齊.

3. 벌례가 끝나지 않았으면 면신을 허락하지 않는다.

一. 自正月至六月, 以一百二十六兩<三郎位罰例>爲用作定. 自七月至十二月, 亦依此作定爲齊.

4. 정월부터 6월까지 126냥<세 낭청의 벌례전>[303]의 용도를 결정하고, 7월부터 12월까지도 이렇게 정한다.

一. 每朔二十兩式, 計給當朔大門直爲齊.

5. 매월 20냥씩 계산하여 그달의 대문지기에게 준다.

一. 當朔卯酉仕坐起<或終日或經夜>, 罰例行下所用, 限以二十以內錢, 已盡則闕之可也. 勿爲來朔所用引用爲齊.

6. 매월 (판사·지사·동지사가 의금부에서) 하루를 근무하면서 좌기할 때<종일하기도 하고 밤을 새우기도 함>에 쓸 곳에 벌례전을 가외로 주는 것은 20전 이내로 한정하고, 이미 다 썼으면 비워 두어야 한다. 다음 달에 써야 할 돈에

---

301. 罰例錢: 罰例조로 내는 돈.

302. 大門錢: 정해진 액수를 대문에 게시하였기 때문에 이렇게 부른 듯하다.

303. 위에서 1인당 42냥의 大門錢을 마련한다고 하였으므로, 낭청 3인의 罰例錢에서 126냥이 마련된다.

서 끌어 쓰지 말라.

一. 卯酉仕坐起, 元定罰例行下以外, 動駕時或參謁等時, 旣無所用, 必致加下. 此則別置簿, 以待六位外, 或有一二位交替罰例, 以此計給爲齊.

7. (판사·지사·동지사가 의금부에서) 하루를 근무하면서 좌기할 때에 벌례전을 가외로 주도록 원래 정해진 것 외에, 동가할 때나 참알[304] 등을 할 때에 쓸 돈이 없으니, 반드시 (예산보다) 더 쓰게 된다. 이를 따로 장부에 기록하여, (낭청) 6인을 기다리는 것 외에도 혹여 한두 낭청이 교체되어 벌례전을 내면 이것으로 계산하여 지급한다.

一. 節之又節, 雖一分, 置簿留置, 能至有餘, 都合爲習杖債爲齊.

8. 절약하고 또 절약하여 한 푼일지라도 장부에 기록하고 남겨 두면 여윳돈이 있게 될 테니, 전부 합쳐서 습장채[305]로 삼는다.

一. 假令一年兩政, 或全數陞移, 或全無陞移, 一百二十六兩, 排朔外留置, 以爲來頭六朔排條爲齊.

9. 가령 1년 양도목에서 전원 승진하여 옮겨 가기도 하고, 아무도 승진하지 못하여 그대로 있기도 하니, 126냥을 각 달에 나누는 것 외에 남겨 두어서 다가오는 6개월에 나누도록 한다.

一. 卯酉仕罰例, 以中罰<二兩>擧行, 奴子行下五分爲齊.

10. (판사·지사·동지사가 의금부에서) 하루를 근무할 때의 벌례는 중벌<2냥>로써 시행하며, 종에게는 5푼을 가외로 준다.

一. 暫時坐起<如捧供議處照律等>, 罰例停止, 奴子行下依例.

11. 잠깐 좌기할 때<죄인의 진술을 받거나 의처(議處)하거나 조율(照律)함과 같

---

304. 參謁: 매년 6월과 12월에 관원의 성적을 고사하여 포폄을 할 때, 각 관청의 관원이 그 책임자를 찾아뵙는 일.
305. 習杖債: 杖 집행 연습([追錄] §1 참조)을 하는 羅將에게 지급하는 돈인 듯하다.

은 것들>에는 벌례를 시행하지 아니하며, 종에게는 관례대로 가욋돈을 준다.

一. 終日或經夜坐起<如口招刑推等>, 以中罰擧行, 奴子行下依例爲齊.

12. 종일 또는 밤새 좌기할 때<구두진술을 받거나 형신(刑訊)을 가함과 같은 것들>에는 중벌을 시행하며, 종에게는 관례대로 가욋돈을 준다.

一. 動駕時, 大罰例擧行<三兩>, 行下一錢作定爲齊.

13. 동가할 때에는 대벌을 시행하며<3냥>, 가욋돈을 1전으로 정한다.

一. 朝前動駕朝前還宮時, 中罰擧行, 行下五分作定爲齊.

14. 아침 전에 동가하여 아침 전에 환궁할 때에는 중벌을 시행하며, 가욋돈을 5푼으로 정한다.

一. 陵行祇送迎時, 大罰擧行, 行下五分作定爲齊.

15. 능 행차를 배웅하고 마중할 때에는 대벌을 시행하며, 가욋돈을 5푼으로 정한다.

一. 六月十二月參謁時, 中罰擧行, 行下五分爲齊.

16. 6월과 12월의 참알 때에는 중벌을 시행하며, 가욋돈을 5푼으로 한다.

一. 上經歷封崇及一都事交替時行下, 以曲護次區處, 有則因給, 無則行下, 書以待曲護出給爲齊.

17. 상경력으로 봉숭(封崇)하거나 수석도사를 교체할 때의 가욋돈은 곡호(曲護)[306]로 처리하는데, (곡호가) 있으면 그것으로 지급하며, 없으면 가외로 지급하고서 '곡호를 기다렸다가 내줄 것'이라고 쓴다.

---

306. 曲護: ① 도리를 어기면서 남을 비호함(법을 굽혀 죄인을 비호함), ② 힘써 보호함. 여기서는 부정적인 의미로 쓰인 것 같지는 않으므로 일단은 ②의 의미로 보인다. 다만 누가 누구를 힘써 보호한다는 것인지가 불분명하다.

一. 都政時軍價<十四兩>, 大門有錢則給之, 若無錢則曲護次處下爲齊.

18. 정기인사를 할 때의 군가(軍價)[307]<14냥>는 대문전이 있으면 그것으로 지급하고, 없으면 곡호로 처리해서 준다.

一. 西廳筆債, 自官用下, 勿入於大門下記爲齊.

19. 서청 붓 값[308]은 관에서 내주며, 대문전의 하기[309]에는 적지 말라.

一. 曲護債都合, 每年六臘月二十日卯酉仕時會計, 遞等及封崇時行下及官習杖債三十兩, 並計給爲齊.

20. 곡호채를 한데 모아 매년 6월·12월 20일 근무할 때에 종합계산해서, 교체되거나 봉숭할 때에 주는 가욋돈 및 관습장채[310] 30냥을 모두 치러 준다.

一. 官習杖債, 三十兩作定爲齊.

21. 관습장채는 30냥으로 정한다.

一. 官習杖債三十兩內, 曉頭酒肴, 以中罰爲之, 晝罰例, 以大大罰爲之, 奴子食床直各一錢行下. 餘數則本府擧行, 員役等及各宅奴子食床直等供饋與負持雇價, 並擔當爲齊.

22. 관습장채 30냥으로 새벽의 술·안주 비용은 중벌[311]로 하고, 낮에는 대대벌(大大罰)로 하여, 종과 밥상지기에게 각 1전을 가욋돈으로 지급한다. 남는 돈은 의금부에서 관리하여, 아전들 및 각 집 종·밥상지기들의 음식값과 짐꾼의 품삯을 모두 담당한다.

一. 曲護債多寡, 未能先知, 各項用下, 依例上下後, 若有餘財, 取合於筆債. 束筆分

---

307. 軍價: 군역에 복무하지 않는 대신에 바치는 돈.
308. 西廳의 붓은 新位에게 나눠 준다. [分兒] §5 참조.
309. 下記: 돈 치른 내용을 적은 장부.
310. 官習杖은 아래에 나오는데, 봄·가을에 각 1회씩 시행하였다. 이외에 私習杖이 있었다.
311. 中罰에 해당하는 금액을 가리킨다.

兒時，若不足，則各項上下，依條例以行下紙，待日後有財上下爲齊.

23. 곡호채가 많을지 적을지 미리 알 수 없으니, 항목별 용도에 맞추어 관례에 따라 내준 뒤에 만약 남는 돈이 있으면 붓 값에 보탠다. 속필(束筆)을 나눠 줄[312] 때에 부족하면, 항목별로 내줄 돈을 조례에 의하여 행하지(行下紙)[313]에 써서, 뒷날 돈이 있을 때를 기다려 내준다.

一. 先下分兒外聽非眞，勿爲準信爲齊.

24. (속필을) 미리 나눠 준다는 바깥소문은 진실이 아니니, 믿지 말라.

一. 一都事遞等時，例下三十兩，五所任羅將十兩，元陪五兩，加陪三兩，本宅奴子五兩，食床直三兩，廳直一兩，板直一兩，諸軍士二兩爲齊.

25. 수석도사가 교체될 때에는 관례에 따라 30냥을 나눠 주는데, 5소임나장[314]에게 10냥, 원래의 배종인[315]에게 5냥, 정원 외로 추가된 배종인에게 3냥, 수석도사 집의 종에게 5냥, 밥상지기에게 3냥, 청지기에게 1냥, 현판지기에게 1냥, 여러 군사에게 2냥으로 한다.

一. 上經歷一都事封崇時，大罰例擧行，諸書吏·大廳直·五所任羅將及各宅引加陪本[316]宅奴子·食床直·諸軍士·當直書吏·大廳直·羅將，各一錢爲齊.

26. 상경력과 수석도사를 봉숭할 때에 대벌을 시행하며, 여러 서리와 대청지기와 5소임나장 및 각 집에서 더 데려온 배종인과 자기 집의 종과 밥상지기와 여러 군사와 당직청의 서리, 대청지기와 나장에게 각 1전을 준다.

一. 私習杖，以春秋兩等官前習杖，一月十兩式出給爲齊.[317]

---

312. [分兒] §3 참조.

313. 行下紙: 行下할 내용을 적어 두는 종이를 의미하는 것 같다. 가욋돈이 생기면 이 종이에 적어 둔 내용을 집행하게 될 것이다.

314. 五所任羅將: 다음 셋 중의 하나로 해석할 수 있을 것이다. ① 5명의 所任(하급 아전ㅡ色掌)과 나장, ② 5명의 소임나장(맡은 바 직책이 있는 나장), ③ 다섯 개의 장소를 각각 담당하는 5명의 나장.

315. 陪從人: 임금이나 지체 높은 사람을 모시고 따라가는 사람.

316. 원문은 '十'이나 의미상 '本'으로 수정하였다.

27. 사적인 장 집행 연습은 봄가을로 두 시기에 의금부에서 연습하고, (보수로) 1월에 10냥씩 내준다.

一. 各行下署押, 必以一都事花押施行爲齊.

28. 각 가욋돈 지급에 서명하는 것은 반드시 수석도사의 서명과 이름으로 시행한다.

一. 官習杖, 以春秋三九月十五日作定爲齊.[318]

29. 공식적인 장 집행 연습은 봄·가을인 3월·9월 15일로 정할지어다.

甲辰四月　日

갑진년(1844년?) 4월

罰例記 <今遵行>

肅拜錢一兩三錢.	숙배전[319] 1냥 3전.
大大罰十五兩.	대대벌 15냥.
大罰例九兩.	대벌 9냥.
出官錢十兩.	출관전 10냥.
免新錢十兩.	면신전 10냥.
出官草價二兩七錢.	출관초가[320] 2냥 7전.
免新草價二兩七錢.	면신초가 2냥 7전.
稧帖價三兩.	계첩[321] 제작비 3냥.

317. §27 및 §29에 따르면 官·私習杖은 연 4회다. [追錄] §1의 연 12회와 대조된다.
318. §29 및 §27에 따르면 官·私習杖은 연 4회다. [追錄] §1의 연 12회와 대조된다.
319. 肅拜錢: 의금부 낭청에 임명되어 사은숙배할 때에 내는 돈.
320. 草價는 煙草價 즉 담배를 구입하기 위한 돈일 수도 있고, [完議]의 馬草價일 수도 있다.
321. 稧帖: 면신례를 행할 때에 참석하는 낭청의 수만큼 만들어 나눠 주는 것으로, '契帖'이라고도 쓴다. 계첩에

諸書吏例下三兩.	서리들에게 정례에 따라 주는 돈 3냥.
諸羅將例下三兩.	나장들에게 정례에 따라 주는 돈 3냥.
本府大廳直二兩.	의금부 대청지기에게 2냥.
諸軍士一兩.	여러 군사에게 1냥.
護新罰五兩.	신위를 감싼[322] 벌례 5냥.
奴子錢四兩.	종들에게 주는 돈 4냥.
已上七十一兩七錢.	이상 71냥 7전.

는 낭청들의 인적 사항(官階·관직·성명·字·生年·출신·본관)과 의금부 조감도가 실려 있으며, 金吾契會圖·金吾契帖 등의 제목을 붙인다. 현재 서울대학교 규장각한국학연구원 및 국립중앙도서관 등에 몇 본이 소장되어 있다.

322. [操切] 참조.

漢詩*

蓮亭有御製懸板, 而絳紗黯黑, 無以奉覽. 只錄諸宰臣詩于板上, 列于卷末.

연정에 임금께서 지으신 (글을 새긴) 현판이 있는데, 강사[323]가 새까매서 볼 수가 없다. 다만 여러 재신(宰臣)의 시를 현판에 기록하였으니, 권말에 쓴다.

書金吾會飮圖[324]	의금부의 회음도에 쓰다
淸時仕宦執金吾	태평성대에 의금부 관원이 되어
庶免人嘲賤丈夫	천한 사내라는 남들의 놀림은 면하였네.
日向虎頭參淋[325]問	날마다 호두각에 나가 죄인 심문에 끼고
行隨豹尾戒前驅	어가[326]를 따라다니며 앞잡이로서 호위하네.
朋情不關資高下	우정은 품계의 높고 낮음에 상관없으니
王事奚論俸有無	나랏일에 어찌 녹봉의 유무를 따지랴.
幸托餘閑供笑語	다행히 여가를 내어 담소를 즐기니
何妨携酒醉西湖	술병 마련하여 서호에서 취한들 어찌 해로우랴.

金宗直	김종직
崇禎甲申後四十一年甲子	숭정 갑신년(1644년)[327]의 41년 후인
十月 日 刻.	갑자년(1684년) 10월에 새기다.

* 원문에는 '漢詩'라는 단어가 없으나 편의상 추가하였다.

323. 絳紗: 붉은빛의 얇은 生明紬.

324. 번역은 허경진 옮김, 『佔畢齋 金宗直 詩選』, 평민사, 1998을 참조하였다.

325. 허경진 옮김, 위의 책에는 '淋'이 '淑'으로 되어 있다.

326. 원문의 '豹尾'는 표범의 꼬리로 장식한 수레, 즉 임금의 수레를 뜻한다.

菰蒲楊柳似汀洲　　물풀과 버들은 모래톱을 닮았고
六月清風凜欲秋　　유월의 맑은 바람이 서늘하니 가을이 되려 하는구나.
更有碧荷香滿閣　　또 푸른 연잎이 있어 향기가 호두각에 가득한데
恨無官酒鴈幽憂　　관주(官酒)[328]가 없음이 한스럽고 기러기는 근심에 잠기네.

知事朴啓賢　　지의금부사 박계현[329]

獨坐金吾蓮亭　　홀로 의금부 연정에 앉아

傍人莫道此身忙　　사람들아, 이 몸이 바쁘다고 하지 말게나.
欲把名場換酒場　　명예로운 장소를 술자리로 바꾸려 한다네.
時向曲欄成獨坐　　때때로 굽은 난간으로 향하여 홀로 앉으니
玉池荷氣滿襟香　　옥지(玉池)[330]의 연꽃 기운이 옷깃을 향기로 채우네.

松江鄭澈　　송강 정철[331]

---

327. 명나라가 멸망한 해다.

328. 官酒는 '(소비자가) 官에서 산 술' 또는 '벼슬아치가 사 주는 술'로 해석할 수 있을 것이다.

329. 朴啓賢(1524－1580): 본관 밀양. 자 君沃. 호 灌園. 시호 文莊. 1543년(중종 38) 진사가 된 후 1552년(명종 7) 식년문과 을과에 급제하였다. 正字 등을 역임하고 1555년 사가독서를 하였다. 滿浦鎭兵馬僉節制使로 명나라에 다녀왔으며, 지중추부사를 거쳐 대사헌이 되었다. 그때 동·서인 사이의 당쟁을 누르려고 힘썼으나 실패하였다. 1580년(선조 13) 병조판서·중추부지사를 지냈다. 저서로는 《密山世稿》가 있다.

330. 玉池: 아름다운 연못.

331. 鄭澈(1536－1593): 본관은 연일. 자는 季涵. 호는 松江. 당대 가사문학의 대가로서 양응정·임석천·김인후·송순·기대승 등에게 수학하고, 이이·성혼·송익필 등과 교유하였다. 병조참지·대사성·전라도관찰사·도승지·예조참판·함경도관찰사 등을 역임했으며, 현재 문집으로 《송강집》 7책과 《송강가사》 1책이 전한다.

謹次	삼가 차운[332]하다
聖恩偏重任奔忙	성은이 (내게) 치우쳐 바쁜 자리를 맡았으니
月上江樓鷺下場	달은 강루(江樓) 위에 뜨고 해오라기는 마당으로 내려오네.
猥帶三啣憑古檻	외람되이 세 직함[333]을 띠고 낡은 난간에 기대어
感吟吾祖玉池香	조상님[334]의 '옥지향(玉池香)'을 감탄 속에 읊조리네.

聖上卽位八年甲辰季夏　　정조 8년인 갑진년(1784) 6월에

六代孫 同知事枋.　　6대손 동지의금부사 정방[335](이 짓다).

332 次韻: 남이 지은 漢詩의 韻字를 따서 한시를 짓는 것. 정방의 시와 정유길의 시는 모두 정철이 지은 시의 운자(忙·場·香)를 땄다.

333. 당시 정방은 五衛都摠府 副摠管이자 漢城府 右尹이었다[《承政院日記》 정조 8년(1784) 6월 11일⑭]. 여기에 동지의금부사를 더하면 세 직함이 된다. 그는 4월 그믐에 동지의금부사에 임명되었다[《承政院日記》 정조 8년(1784) 4월 30일⑪].

334. 송강 정철을 가리킨다.

335. 鄭枋(1707－1788): 본관은 연일. 자는 季直. 1753년(영조 29) 식년문과에 병과로 급제하였다. 1760년에 持平에 재직하면서 《璿源寶略》을 改刊할 때 조태억의 관작이 실려 있음을 보고서 이것의 시정을 요구했다가 왕의 진노를 사서 처벌되었다. 1770년에는 執義·司諫을 역임하였다. 이듬해에는 輔德을 지냈다. 1784년에는 副摠官이 되었고, 1786년에는 嘉義大夫가 되어 都摠官으로 승진하였다. 1788년에는 副司職에 임명되기도 하였다. 이후 공조판서까지 올랐다. 시호는 孝憲이다.

次	차운
人間何地不奔忙	인간세상의 어딘들 바쁘지 않겠는가?
到處心閑是道場	가는 곳마다 마음이 한가하면 그곳이 도량이다.
端坐小窓無一事	소창(小窓)에 단정히 앉아 아무 일도 없으니
隔墻風送白蓮香	담 너머 바람이 백련의 향을 보내도다.

知事鄭<林塘公>	지의금부사 정유길[336]＜임당공＞이
以問事郎廳 坐上直房 題	문사낭청과 함께 상직방[337]에 앉아 짓다.

336. 鄭惟吉(1515－1588): 본관은 동래. 자는 吉元, 호는 林塘·尙德齋. 1538년(중종 33) 문과에 장원, 典籍이 되고, 이어 工曹佐郎·正言·吏曹佐郎·中樞府都事를 지냈다. 1544년 이황·김인후 등과 함께 사가독서 했고, 대사헌에 이어 예조판서에 승진, 대제학을 겸하고 얼마 후 이조판서가 되었다. 1567년 선조가 즉위하자 경상도 관찰사, 다음 해 경기도 관찰사로 나갔고, 1572년 예조판서·공조판서 등을 지냈다. 1581년(선조 14) 이조판서에서 우의정에 임명되었으나 명종 때 권신인 윤원형·이양 등에 아부한 사람을 재상에 앉힐 수 없다는 사헌부의 맹렬한 반대로 사직, 1583년 예조판서를 거쳐 우의정이 되고 이듬해 궤장을 하사받았으며, 1585년 좌의정이 되었다.

337. 上直房: 입직하는 낭청이 있던 방. 당직실 또는 숙직실에 해당한다.

주요 참고문헌

『各司謄錄』 72·73(金吾憲錄·義禁府謄錄), 國史編纂委員會 영인, 1994.

《經國大典》·《續大典》·《大典通編》·《大典會通》

《六典條例》

《秋官志》(上·中·下), 奎章閣資料叢書 官署志篇, 서울대학교 奎章閣, 2004.

《大明律講解》, 奎章閣資料叢書 法典篇, 서울대학교 奎章閣, 2001.

《典律通補》(上·下), 奎章閣資料叢書 法典篇, 서울대학교 奎章閣, 1998.

鄭肯植·田中俊光·金泳奭, 『譯註 經國大典註解』, 韓國法制研究院, 2009.

『朝鮮王朝實錄』, 國史編纂委員會 영인, 1955－1958.

《承政院日記》, 國史編纂委員會 영인, 1961－1977.

吳甲均, 『朝鮮時代司法制度研究』, 三英社, 1995.

金泳奭, 「義禁府의 조직과 추국에 관한 연구」, 서울대학교 법학박사학위논문, 2013.

李相寔, 「義禁府考」, 『法史學研究』 제4호, 韓國法史學會, 1977.

金泳奭, 「추국의 의미 변화와 분류」, 『法史學研究』 제48호, 韓國法史學會, 2013.

金鎭玉, 「'禁推'의 성격과 특징」, 『民族文化』 第36輯, 한국고전번역원, 2010.

朝鮮王朝實錄[http://sillok.history.go.kr](2016년 6월 20일 최종 접속)

承政院日記[http://sjw.history.go.kr](2016년 6월 20일 최종 접속)

한국사데이터베이스[http://db.history.go.kr/](2016년 6월 20일 최종 접속)

한국고전종합DB[http://db.itkc.or.kr](2016년 6월 20일 최종 접속)

한국역대인물 종합정보시스템[http://people.aks.ac.kr](2016년 6월 20일 최종 접속)

부록 1 (금오좌목)

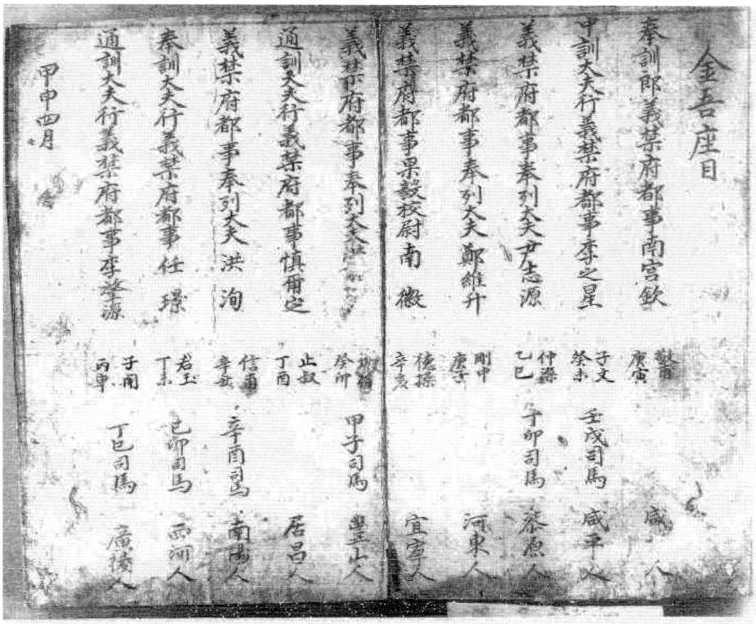

金吾座目
奉訓郎義禁府都事南宮欽 敬甫 庚寅 咸□人
中訓大夫行義禁府都事李之星 子文 癸未 壬戌司馬 咸平人
義禁府都事奉列大夫尹志源 仲深 乙巳 丁卯司馬 漆原人
義禁府都事奉列大夫鄭維升 剛中 庚子 河東人
義禁府都事果毅校尉南徵 德操 辛亥 宜寧人
義禁府都事奉列大夫[illegible] 癸卯 甲子司馬 豊山人
通訓大夫行義禁府都事愼爾之 止叔 丁酉 居昌人
義禁府都事奉列大夫洪洵 信甫 辛亥 辛酉司馬 南陽人
奉訓大夫行義禁府都事任璟 君玉 丁未 己卯司馬 西河人
通訓大夫行義禁府都事李□源 子開 丙申 丁巳司馬 廣州人
甲申四月

1704년(숙종 30) 《금오계첩》의 좌목

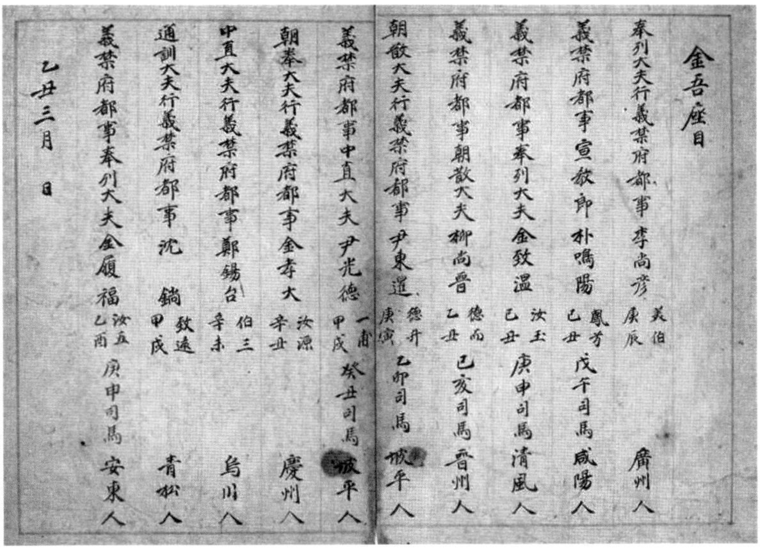

金吾座目
奉列大夫行義禁府都事李尚彦 美伯 庚辰 廣州人
義禁府都事宣敎郎朴鳴陽 鳳方 乙丑 戊午司馬 咸陽人
義禁府都事奉列大夫金致溫 汝玉 乙丑 庚申司馬 清風人
義禁府都事朝散大夫柳尚晉 德而 乙丑 己亥司馬 晉州人
朝散大夫行義禁府都事尹東進 德升 庚寅 乙卯司馬 坡平人
義禁府都事中直大夫尹光德 一甫 甲戌 癸丑司馬 坡平人
朝奉大夫行義禁府都事金孝大 汝源 辛丑 慶州人
中直大夫行義禁府都事鄭錫台 伯三 辛未 烏川人
通訓大夫行義禁府都事沈鍋 致遠 甲戌 青松人
義禁府都事奉列大夫金履福 汝五 乙酉 庚申司馬 安東人
乙丑三月 日

1745년(영조 21) 《금오계첩》의 좌목

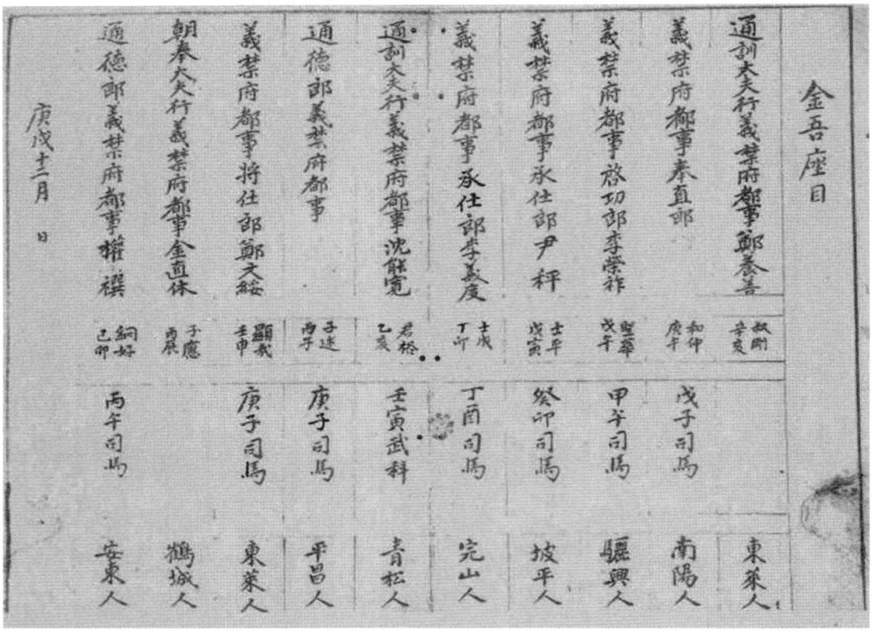

1790년(정조 14)경 《금오계첩》의 좌목

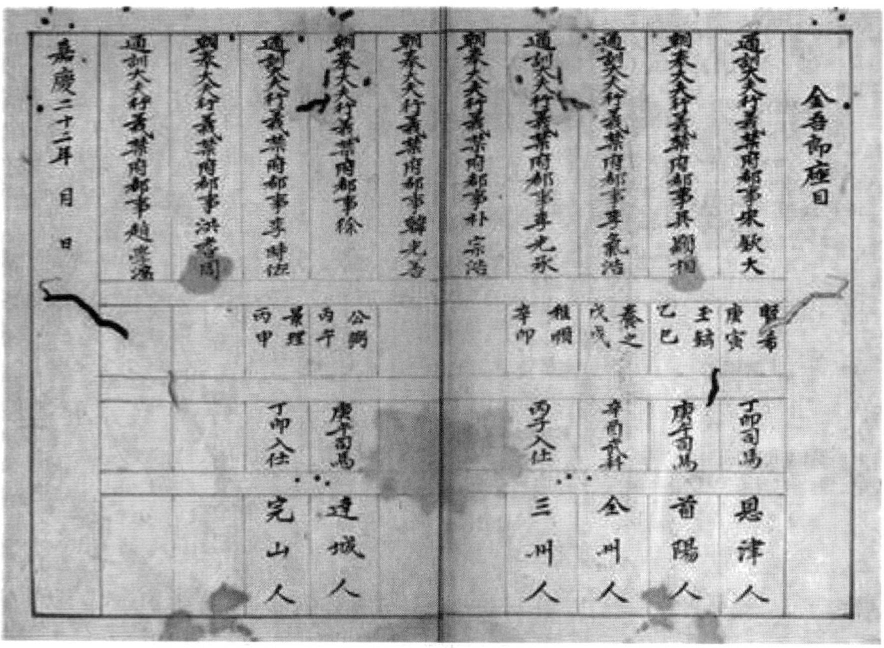

1817년(순조 17) 《금오계첩》의 좌목

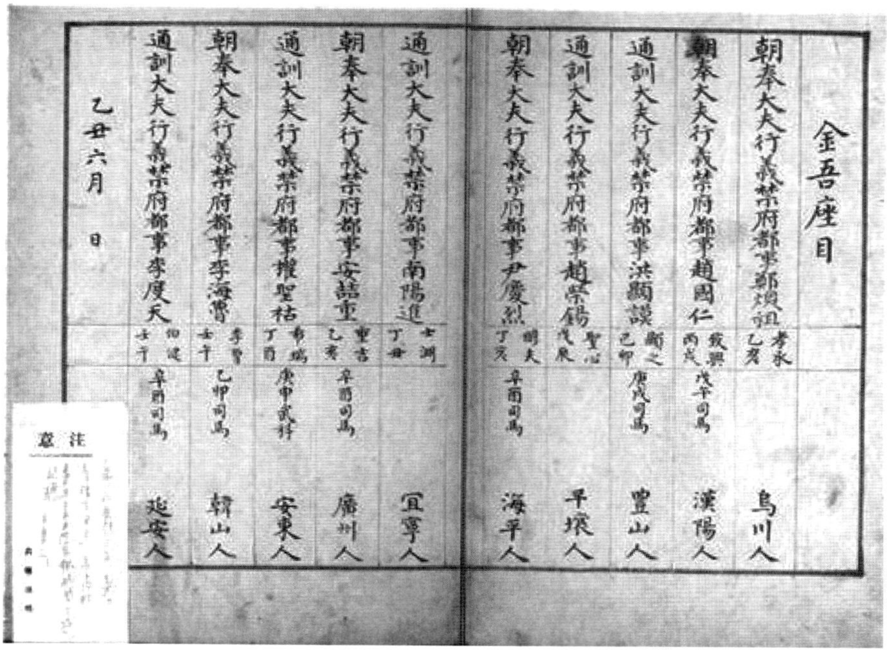

金吾座目

朝奉大夫行義禁府都事鄭煥祖 孝永 乙亥 烏川人
朝奉大夫行義禁府都事趙國仁 叔興 丙戌 戊午司馬 漢陽人
通訓大夫行義禁府都事洪顯謨 顯之 己卯 庚戌司馬 豐山人
通訓大夫行義禁府都事趙榮錫 聖心 戊辰 平壤人
朝奉大夫行義禁府都事尹慶烈 明夫 丁亥 辛酉司馬 海平人
通訓大夫行義禁府都事南陽道 士測 丁丑 宜寧人
朝奉大夫行義禁府都事安喆重 重吉 乙酉 辛酉司馬 廣州人
通訓大夫行義禁府都事權聖枯 希瑞 丁酉 庚申武科 安東人
朝奉大夫行義禁府都事李海膺 季膺 壬午 乙卯司馬 韓山人
通訓大夫行義禁府都事李度天 伯建 壬午 辛酉司馬 延安人

乙丑六月 日

1805년(순조 5) 《금오계첩》의 좌목

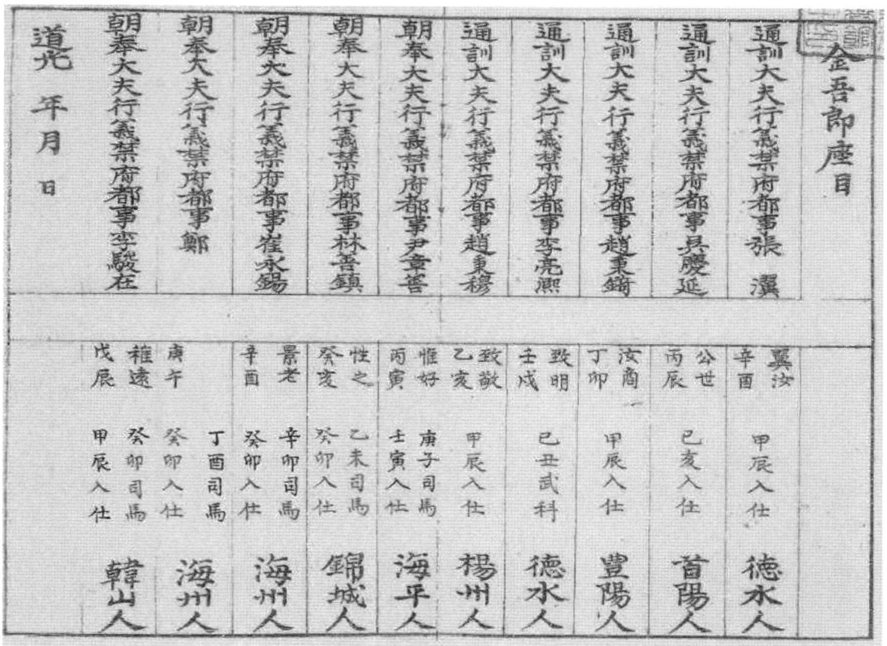

金吾郎座目

通訓大夫行義禁府都事張 瀷 翼汝 辛酉 甲辰入仕 德水人
通訓大夫行義禁府都事吳慶延 公世 丙辰 己亥入仕 首陽人
通訓大夫行義禁府都事趙秉錡 汝商 丁卯 甲辰入仕 豐陽人
通訓大夫行義禁府都事李亮淵 致明 壬戌 己丑武科 德水人
通訓大夫行義禁府都事趙秉穆 致敬 乙亥 甲辰入仕 楊州人
朝奉大夫行義禁府都事尹章善 惟好 丙寅 庚子司馬 壬寅入仕 海平人
朝奉大夫行義禁府都事林善鎭 性之 癸亥 乙未司馬 癸卯入仕 錦城人
朝奉大夫行義禁府都事崔永錫 景老 辛酉 辛卯司馬 癸卯入仕 海州人
朝奉大夫行義禁府都事鄭 庚午 丁酉司馬 癸卯入仕 海州人
朝奉大夫行義禁府都事李駿在 稚遠 戊辰 癸卯司馬 甲辰入仕 韓山人

道光 年 月 日

1846년(헌종 12) 《금오계첩》의 좌목

부록 2 (금오도)

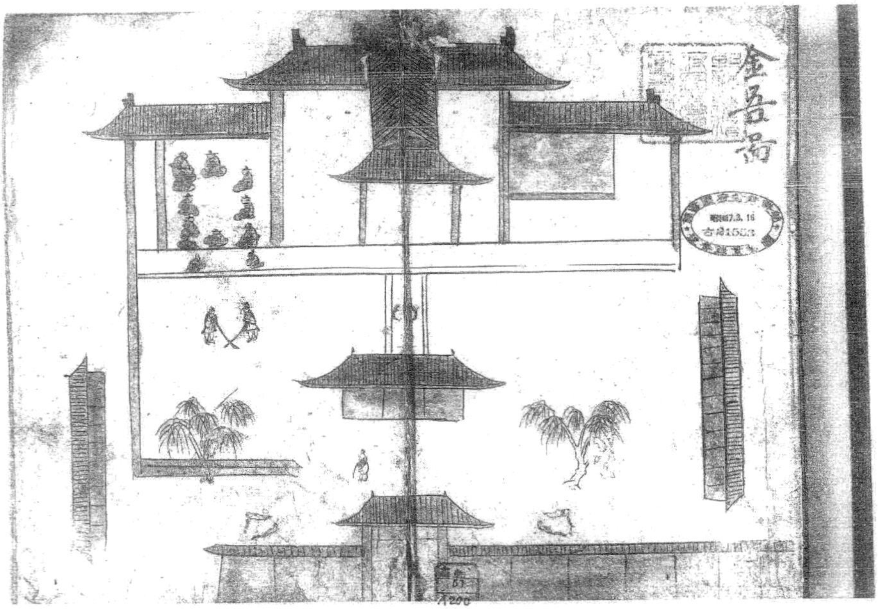

1704년(숙종 30)의 조감도

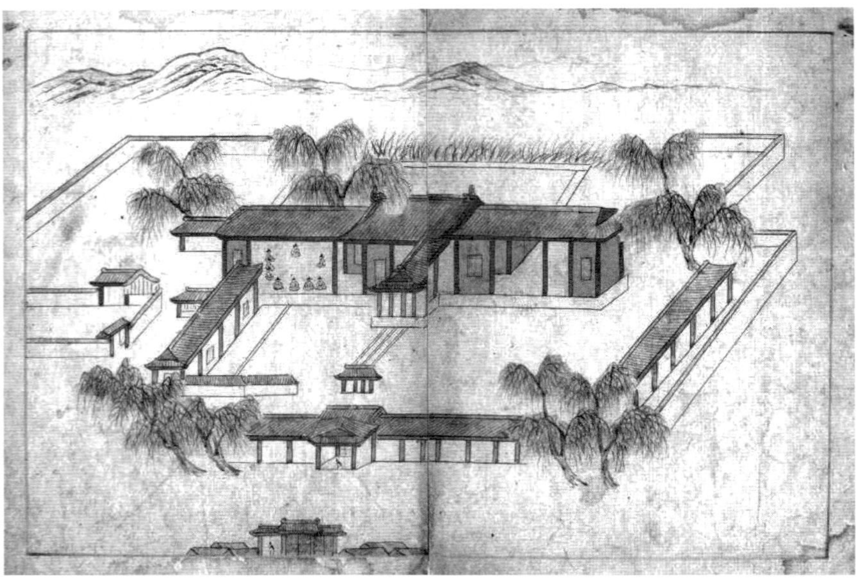

1745년(영조 21)의 조감도

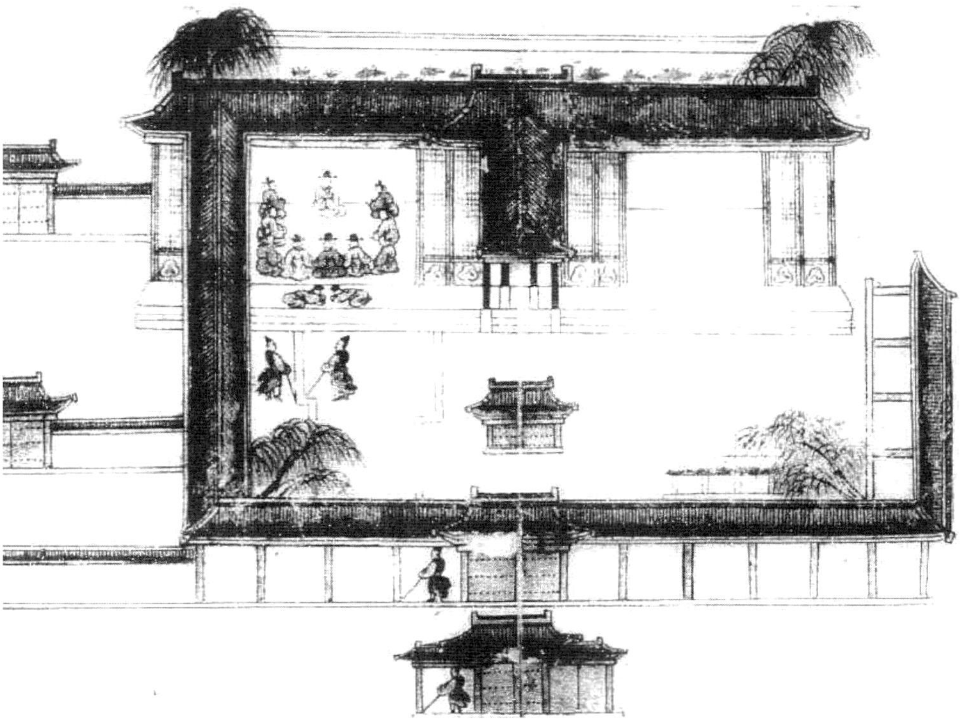

1805년(순조 5)의 조감도

◇부록 1(금오좌목)의 첫 번째, 세 번째, 여섯 번째 그림 및 부록 2(금오도)의 첫 번째 그림은 국립중앙도서관 마이크로필름 《起丁錄》(청구기호 M古1-81-522)에서 발췌한 것이다. 다른 그림들은 고려대학교 해외한국학자료센터 웹사이트에서 제공하는 것들로, 각 자료의 출전을 밝히면 다음과 같다.

부록 1의 두 번째 그림과 부록 2의 두 번째 그림: 《金吾稧帖》(청구기호 19.7)
부록 1의 네 번째 그림: 《金吾稧帖》(청구기호 19.9)
부록 1의 다섯 번째 그림과 부록 2의 세 번째 그림: 《金吾稧帖》(청구기호 19.8)

찾아보기

ㅇ

ㅈ

ㅊ

ㅍ

Abstract

Geumoheonnok (金吾憲錄)

Translated and Annotated by

Kim, Youngsuck

Geumoheonnok is a book of *Uigeumbu*'s regulations. '*Geumo*' is *Uigeumbu*'s other name. *Uigeumbu* (義禁府; the King's Court), with *Hyeongjo* (刑曹), *Saheonbu* (司憲府) and *Podocheong* (捕盜廳), was the central criminal court of the *Chosun* era, in charge of treason, ethical crimes, and the crimes of government officials and noble women. It was formerly *Sunmaso* (巡馬所), which was instituted by the Mongols in the late *Koryeo* era, and its name changed several times until it became *Uigeumbu*. Since the time of *Sunmaso*, crimes that the king thought to be important and government officials' crimes were handled there, while in the *Chosun* era it was established as the only institution taking charge of government official's crimes, and a court which handled treasons and ethical crimes. *Uigeumbu* was an independent institution which was separated from *Hyeongjo* in its powers, and in the late *Chosun* era it was recognized as the main criminal court rather than *Hyeongjo* itself.

Geumoheonnok was written by Myeong−yang Park in November 1744, and enlarged by Ui−hyeon Yi in July 1826. Both people were officers at *Uigeumbu*. *Geumoheonnok* consists of two prefaces, *geumogiui*, a table of contents, the text, additions and appendices. The text and additions are the core of *Geumoheonnok*.

As regards duties of *Uigeumbu*, not only ① regulations from books of laws and ordinances — for example *Gyeongguk-daejeon*(經國大典) or Yukjeonjorye(六典條例) — but also ② *Sugyo*(受教; decrees) and ③ bylaws by *Uigeumbu's* Wan-ui(完議; decisions by all members) are included in *Geumoheonnok*. This book covers even details concerned with *Uigeumbu*, so I can say it is the best reference for under-standing of *Uigeumbu*.

발간사

'한국학'은 이제 학문의 한 분야로 자리 잡았다. 한국학을 전공으로 하는 학과도 생겨나고 한국학 연구자들의 국제학술대회도 자주 접할 수 있다. 한국사회가 짧은 시기에 보여 준 역동적인 변화에 대한 학문적 관심이 나라 안팎으로 증대된 결과일 것이다. 한국의 역사와 문화, 사회적 경험에 점점 더 많은 연구자가 관심을 기울이는 것은 매우 반가운 일이다.

한국학이란 고정된 분과학문 체계 내의 한 부분영역이 아니라 다양한 분과학문들이 함께 참여하는 학제적 연구의 성격을 지닌다. 한국학은 과거의 전통에 깊은 관심을 갖지만 현재의 문제들에도 주목하며 미래의 전망을 모색하는 작업도 포함한다. 인문학적 논의와 사회과학적 관심은 물론이고 자연과학적 문제의식과 예술적 시각이 함께 어우러지는 곳이다. 당연히 한국학은 국내의 연구자들이 자신의 특수성만을 부각시키는 폐쇄적인 장이 아니라 전 세계의 학자들이 자유롭게 참여하는 지적 토론의 공간이 되어야 한다. 한국을 대상으로 한 다양한 연구를 지원하며 진지한 논의와 지적 실험을 뒷받침하는 것이야말로 한국학의 가장 중요한 역할이라 할 것이다.

이런 의미에서 한국학은 한국의 문화와 역사적 경험을 전 인류의 문화유산과 역사적 경험의 한 부분으로 바라보는, 전 지구적 시각을 요구받고 있다. 한국학은 한국사회의 경험을 연구하되, 그것을 21세기 세계사적 과제들과 더불어 사고함으로써 새로운 문명적 대안을 모색하는 세계 학계의 논의에 적극적으로 동참하는 작업이 되어야 한다. 이런 종합적이고 개방적인 연구의 집적이 이루어질 때 한국의 특수성만을 절대화하는 오류에서 벗어나면서 동시에 서구의 눈으로 한국을 대상화, 타자화하는 오리엔탈리즘적 지역학의 한계도 극복할 수 있는 길이 열릴 것이다.

한국의 학문 발전에 큰 책임을 지고 있는 서울대학교 규장각한국학연구원은 한국학의 바람직한 발전을 위해 적극적인 역할을 하고자 한다. 이를 위해 별도의 연구재원을 마련하여 '21세기 신규장각 자료구축사업'을 추진하고, 이 사업의 결과물들을 모아 연구총서, 자료총서, 모노그래프를 출간하고 있다. 한국학 연구자들의 연구역량과 진지한 문제의식들이 결집됨으로써 한국학의 연구수준이 더욱 높아지고 내용이 보다 풍부해지리라 믿는다. 이 연구 사업이 해를 거듭할수록 한국사회에 대한 이해가 깊어짐은 물론이고 한국의 경험을 통해 세계 학계의 시각과 논의도 더욱 풍성해질 것을 기대해 마지않는다.

2015년 2월

서울대학교 규장각한국학연구원 한국학연구사업위원회

편자

박명양(朴鳴陽)

자(字)는 봉혜(鳳兮). 본관은 함양. 1709년생으로, 1738년(영조 14)에 식년 생원시에 합격하였다. 의금부 도사, 영평현령, 양천현감 등을 지냈다.
(이 책 뒤표지 및 부록 1에 실린 1745년 3월의 금오좌목에 그의 이름이 보인다.)

이의현(李宜鉉)

자(字)는 유안(幼安). 본관은 예안. 1777년생으로, 1798년(정조 22)에 식년 생원시에 합격하였다. 의금부 도사, 부여현감 등을 지냈다.

역주자

김영석(金泳奭)

서울대학교 법과대학 졸업(법학사)
서울대학교 대학원 법학과 졸업(법학석사·법학박사)
전 규장각한국학연구원 선임연구원
동국대학교, 한성대학교, 아주대학교, 서울대학교, 숭실대학교, 서울시립대학교에서 강의
현재 아주대학교 법학연구소 연구원

〈역저〉
『(역주)경국대전주해』(한국법제연구원, 2009, 공저)
『조선후기 수교자료 집성(Ⅱ)』(한국법제연구원, 2010, 공저)
『조선후기 수교자료 집성(Ⅲ)』(한국법제연구원, 2012, 공저)

〈논문〉
「고려시대와 조선초기의 상피친」(『서울대학교 법학』 제52권 제2호, 2011)
「추국의 의미 변화와 분류」(『법사학연구』 제48호, 2013)
「已行과 未行의 의미」(『법사학연구』 제50호, 2014)
「《대명률》상 皆에 관한 연구」(『법학논고』 제54집, 2016, 공저)

서울대학교 규장각한국학연구원 한국학자료총서

1 古代國語 語彙表記 漢字의 字別 用例 硏究 | 송기중

2 한국철학자료집: 불교편1 – 삼국과 통일신라의 불교사상 | 허남진 외 편역

3 한국철학자료집: 불교편2 – 고려시대의 불교사상 | 심재룡 외 편역

5 서울대학교 중앙도서관 고문헌자료실 소장 『경제문고』 해제집 | 권태억 외

6 한글본 이언 연구 | 민현식

7상 원문 교주 구운몽 | 원작 김만중, 교주 김병국

7하 현대역 구운몽 | 원작 김만중, 옮김 김병국

8 해방 이후 한국기업의 진화 I: 1976 ~ 2005년간의 통계의 구축과 기초분석 | 이근 외

9 해방 이후 한국기업의 진화 II: 1956 ~ 1977년간의 통계의 구축과 기초분석 | 이근 외

10 서울대학교박물관소장 식민지시기 유리건판 | 이문웅·강정원·선일 편

11 풍자 우화 그리고 계몽담론 | 권영민

12 한국근현대문학의 프랑스문학수용 | 이건우 외

13 한국 근대도면의 원점: 서울대학교 규장각한국학연구원 소장 근대 측량도와 건축도 1861~1910 | 전봉희·이규철·서영희

14-1 유원총보역주 1 | 허성도·김창환·강성위 역주

14-2 유원총보역주 2 | 허성도·김창환·강성위 역주

14-4 유원총보역주 4 | 이영주·허성도·김창환 역주

14-5 유원총보역주 5 | 이영주·허성도·김창환 역주

15 식민권력과 근대지식: 경성제국대학 연구 | 정근식·정진성·박명규·정준영·조정우·김미정

16-1 근대한국 국제정치관 자료집: 제1권 개항·대한제국기 | 장인성·김현철·김종학 엮음

16-2 근대한국 국제정치관 자료집: 제2권 제국–식민지기 | 장인성·김태진·이경미 엮음

17 1980년대 조선–청 국경회담 관련 자료 선역 | 김형종 편역

20 韓國 書誌學의 先鞭: 마에마 교사쿠의 작업을 중심으로 | 한재영·이현희·가와사키 케이고

21 사도세자의 죽음과 그 후의 기억: 『현고기(玄皐記)』 번역(飜譯)과 주해(註解) | 김용흠·원재린·김정신·정두영·최성환 역주

22 손와만록: 조선후기 향리 출신 선비 김경천의 인생이야기 | 김경천 지음 이대형·이미라·박상석 역주

서울대학교 규장각한국학연구원 한국학연구총서

1 지방문학사: 연구의 방향과 과제 | 조동일
2 한국 근대과학 형성과정 자료 | 문만용·김영식
3 목석의 울음: 손창섭 문학의 정신분석 | 조두영
4 통일한국의 농업: 통일 이후 남·북한 농산물의 통합생산 방안 | 김완배 외
5 현대 한국사회의 철학적 문제: 사회운영원리 | 백종현
6 한국유교의 과제 | 금장태
7 韓國 古代·中世初期 土地制度史: 古朝鮮~新羅·渤海 | 이경식
8 『무과총요』 연구 | 나영일
9 북한 주요산업지역의 토지이용 변화와 개방지역에 관한 연구 | 황만익·이기석
10 재벌체제와 다국적기업: 경제개발의 두 가지 유형 | 이승훈
11 붉은악마와 월드컵 | 이순형
12 『조선왕조실록』 보존을 위한 기초 조사연구(1) | 송기중·신병주·박지선·이인성
13 한국 근대의 사회복지 | 안상훈·조성은·길현종
14 한국어 체언의 음변화 연구 | 이상억
15 조선 중기 무예서 연구 | 나영일·노영구·양정호·최복규
16 1950년대 사회주의 건설기의 북한 보건의료 | 황상익
17 후발 산업화와 국가의 동학: 탈관료화와 강성국가의 공동화 | 하용출
18 조선 후기의 기술도: 서양 과학의 도입과 미술의 변화 | 정형민·김영식
19 韓國 中世 土地制度史: 朝鮮前期 | 이경식
20 남북 언어의 문법 표준화 | 권재일
21 50권본 『화엄경』 연구 | 이승재
22 한·중 소화의 비교 | 서대석
23 고려전기의 전시과 | 이경식
24 개항기 전후 경상도의 육상교통 | 허우긍·도도로키 히로시
25 한국어의 주제와 통사 분석: 주제 개념의 새로운 전개 | 임홍빈
26 한국적 패션 디자인의 제다움 찾기: 전통미와 현대적 활용을 중심으로 | 김민자
27 한국 근대문학교육사 연구 | 우한용
28 조선왕조실록의 여진족 족명과 인명 | 김주원
29 중앙아시아 고려말의 문법 | 권재일
30 삼국통일전쟁사 | 노태돈

31 한국의 사회운동과 진보정당 | 임현진
32 한국 행락문화의 변천과정 | 황기원
33 노래의 상상계 : '수사'와 존재생태 기호학 | 신범순
34 한국의 언어 민속지 : 전라남북도 편 | 왕한석
35 주시경의 언어이론과 표기법 | 송철의
36 일제강점기의 철도 수송 | 허우긍
37 인권으로 읽는 동아시아 : 한국과 일본의 인권 개선조건 | 정진성·공석기·구정우
38 정조와 정조시대 | 김인걸 외
39 문화의 정치와 지역사회의 권력구조 : 안동과 안동김씨 | 김광억
40 한국어 명사구의 의미론 : 한정성/특정성, 총칭성, 복수성 | 전영철
41 한국의 건강 불평등 | 김창엽·김명희·이태진·손정인

서울대학교 규장각한국학연구원 한국학모노그래프

1 예빈도에 보인 고구려 : 당 이현묘 예빈도의 조우관을 쓴 사절에 대하여 | 노태돈
2 현대 한국유교와 전통 | 금장태
3 살인의 진화심리학 : 조선 후기의 가족 살해와 배우자 살해 | 최재천·한영우·김호·황희선·홍승효·장대익
4 무협소설의 문화적 의미 | 전형준
5 정조시대의 무예 | 나영일
6 벼락도끼와 돌도끼 : 고고자료에 대한 전통적 인식 연구 | 이선복
7 한국 옛 경관 속의 생태지혜 | 이도원
8 식민권력과 통계 : 조선총독부의 통계체계와 센서스 | 박명규·서호철
9 한국의 천연염료 : 전통염료와 천연염색기술 | 김재필·이정진
10 북한의 의학교육 | 박재형·김옥주·황상익
11 국문 글쓰기의 재탄생 | 권영민
12 사할린 귀환자 | 이순형
13 조선시대 간척지 개발 : 국토 확장과정과 이용의 문제 | 박영한·오상학
14 3칸×3칸 : 한국 건축의 유형학적 접근 | 전봉희·이강민
15 위성영상을 이용한 북한지역의 해안습지연구 : 평안남도를 사례로 | 유근배
16 한국 구비문학에 수용된 재담 연구 | 서대석
17 한국 자본자유화와 금융자유화의 근년변화 : OECD 가입 및 IMF 사태 이후의 실상, 평가 및 대응 | 이천표
18 구어 한국어의 의향법 실현방법 | 권재일
19 조선시대 복식에 나타난 적색계 색명의 의미 | 남윤자·김순영·박성실
20 우리나라 인체기생충 및 의용절지동물의 동물상과 개요 | 채종일
21 경제개방이 우리나라 노동시장에 미친 효과 | 김대일
22 한국 고소설에 나타난 오이디푸스 콤플렉스 : 〈심청전〉·〈콩쥐팥쥐전〉 | 류인균
23 남북한 경제의 이질성 : 경제통합에 관한 함의 | 이지순
24 한국에서 마르크스주의 경제학의 도입과 전개과정 | 김수행
25 한국 장수인의 개체적 특성과 사회환경적 요인 : 호남지방 장수벨트를 중심으로 | 박상철·이미숙·이정재·한경혜
26 전통마을 경관요소들의 생태적 의미 | 이도원
27 한국의 중산층 | 홍두승
28 한국 여성의 건강증진행위 | 윤순녕·김숙영·이지윤
29 心과 性 : 茶山의 『孟子』 해석 | 금장태

30 20세기 초기 국어의 문법 | 권재일

31 한국의 고령노동: 경제활동과 고용구조의 장기적 변화 | 이철희

32 웃음으로 눈물 닦기: 한국 언어문화의 한 특질 | 김대행

33 한국의 좌파 경제학자들 | 김수행·김공회

34 온돌과 한국인의 수면 생활: 침상 기후를 중심으로 | 최정화·김문숙

35 한국 고대의 온돌: 북옥저, 고구려, 발해 | 송기호

36 한국 시민단체의 내부의사결정과정에 관한 연구 | 김준기

37 한국문화를 쓴다: 강용흘의 『초당』과 이미륵의 『압록강은 흐른다』 비교연구 | 최윤영

38 정약용 사상 속의 과학기술: 유가 전통, 실용성, 과학기술 | 김영식

39 仁과 禮: 다산의 『논어』 해석 | 금장태

40 서양인의 한국 종교 연구 | 김종서

41 韓國詩話에 보이는 杜詩 | 이영주

42 한국의 소득불평등과 빈곤: 소득분배 악화와 사회보장정책의 과제 | 구인회

43 한국인 치매환자의 행동 및 심리 증상의 횡문화적 특성 | 조맹제·김진영

44 한국 사회복지 네트워크의 구성과 효과성: 지역종합사회복지관의 네트워크 구성과 조직 효과성을 중심으로 | 김준기

45 근대한국의 국제관념에 나타난 도덕과 권력 | 장인성

46 한국의 의료체제: 제도와 지배구조 | 송호근

47 몽골제국과 고려: 쿠빌라이 정권의 탄생과 고려의 정치적 위상 | 김호동

48 한국무협소설의 작가와 작품 | 전형준

49 한국 근대소설에 나타난 오이디푸스 콤플렉스의 이해: 이광수, 김동인, 염상섭, 이상을 중심으로 | 류인균

50 한국의 하구역: 하구둑 건설 이후의 지형변화 | 유근배·김성환·신영호

51 한국의 신용평가제도 | 이인호

52 전통 마을숲의 생태계 서비스 | 이도원·고인수·박찬열

53 두 개의 예외적인 복제체제 비교 연구: 한국 복지국가 모형의 탐색 | 김태성

54 박정희 체제의 성립과 전개 및 몰락: 국제적·국내적 계급관계의 관점 | 김수행·박승호

55 한국 서해안의 해안사구: 지형학적 관점을 중심으로 | 유근배·류호상

56 『기우제등록』과 기후의례: 기우제, 기청제, 기설제 | 최종성

57 한국어 술어의 사건 구조와 논항 구조 | 남승호

58 舊韓末의 韓獨 外交文書 '德案' 研究 | 권오현

59 현대 한국어의 공시 형태론: 경주지역어를 실례로 | 최명옥

60 서양문화를 쓴다: 강용흘의 〈동양 서양에 가다〉와 이미륵의 〈압록강에서 이자르강까지〉 | 최윤영